Sin pareja
y feliz

Wendy Bristow

Sin pareja y feliz

*Cómo pasarlo en grande
sin la otra mitad*

La edición original fue publicada por Thorsons,
una división de Harper Collins Publishers Ltd., 2000
con el título original de Single and Loving it

© The Natural Magazine Company Ltd., 2000

Escrito por Wendy Bristow
Traducción de Juanjo Estrella
Portada: P&M

© Editorial Océano, S.L., 2001, 2005
Milanesat, 21-23 – EDIFICIO OCÉANO
08017 Barcelona (España)
Tel.: 93 280 20 20* – Fax: 93 203 17 91
www.oceano.com

ISBN: 970-777-081-3
Depósito Legal: B-28896-XLVIII
Impreso en España - Printed in Spain

00132031

Muchísimas gracias a Mandi Norwood por el almuerzo en el que hablamos por primera vez de este libro, y por hacerlo posible.

A Emma Dally por hacerlo realidad y a Carole Tonkinson por publicarlo.

Gracias a las mujeres que han compartido conmigo sus experiencias de soltería, en especial a:

Valentine Abbatt, Jan Ashford, Ramune Burns, Johanna Cruikshank, Anna Maxted, Sue Rickards, Marion Russell, Sasha Slater, Lou Trigg, Sue Wheeler.

También a Pam Bathe, de la agencia matrimonial *Dateline*, a Emma Yablon y a Matt Whyman, de AOL y a Philippa Perry.

Gracias a todos los que trabajan en *Spectrum*, en especial a Maggie McKenzie, a Paul Allshop y a Oriel Methuen, a Terry Cooper, Jenner Roth y Rex Bradley, sin los cuales no sabría nada de muchos de los conceptos que aparecen en este libro.

Gracias a mis colegas, Ramune y Anna.

Índice

Otra vez los hombres

Introducción

En este momento, contra todo pronóstico, estoy soltera. Mientras escribo estas líneas, se supone que debería estar en la fase de «…y comieron perdices». Y por partida doble, además; como era mi segundo matrimonio el que se fue a pique tan sólo al cabo de un año, técnicamente supongo que podría decirse que aún estoy comiéndome las perdices de mi primer matrimonio. Pero, como cantan los Rolling Stones, no siempre se consigue lo que uno quiere (aunque si uno lo intenta, a veces obtiene lo que necesita). Las solteras tenemos la ocasión de averiguar qué nos hace falta en realidad y aprender a satisfacer esas necesidades por nuestra cuenta.

Las compensaciones que se obtienen son la confianza, la tranquilidad mental y la sensación de poseer el control del propio destino. E, irónicamente, ser soltera y estar encantada de serlo nos hace diez veces más atractivas para el sexo opuesto. Como dice una amiga mía que, después de dos años peleándose con su propia soltería, acaba de empezar a encontrar un montón de cosas interesantes que hacer –coincidiendo con la realización del sueño largamente postergado de marcharse a trabajar a otro país– «nadie resulta más atractivo que quien está a gusto consigo mismo».

Este libro trata de una soltería orgullosa; de estar tan feliz con una misma que la sensación de plenitud y seguridad sea la misma que cuando se está en pareja. Si no más. Tanto si la soltería es una opción personal como si se trata de una imposición de la vida; tanto si tenemos hijos y acabamos de pasar por un divorcio difícil, con arduas negociaciones sobre la custodia de los pequeños, como si no tenemos porqué volver a ver a nuestro «ex» nunca más; tanto si nos sentimos apenadas como si estamos eufóricas por nuestra última ruptura sentimental; tanto si llevamos diez años o diez minutos solas; tanto si no nos importa lo más mínimo volver a establecer una relación con un hombre como si nos morimos por conocer al fin a nuestro príncipe azul; tanto si el reloj biológico nos funciona como un cronómetro como si ya ha dejado de funcionar hace tiempo; tanto si somos madres que educamos solas a nuestros hijos y sólo tenemos una noche libre a la semana como si somos una mujer sin ataduras y con ganas de pasarlo bien… Sea como sea, en lugar de ver la soltería como una maldición, como un fracaso, intentemos sacarle el mejor partido. Empleémosla con un propósito muy concreto: construir y reforzar nuestra relación con la persona que más debe importarnos: *nosotras mismas.*

La compensación mágica de todo esto será que nuestras relaciones empezarán a florecer en consecuencia. Cuando sepamos quiénes somos y qué queremos, las relaciones con los demás se nos harán más sencillas y naturales.

Puede que en este momento nos resulte difícil de creer. Todas llegamos a esta nueva soltería con el antecedente de una relación fallida, o bien con la carga de no haber tenido nunca una historia de pareja satisfactoria.

Por eso este libro está dividido en tres partes, que reflejan las tres fases de la soledad: recuperarse de una pérdida, aprender a estar sola y volver a salir con hombres. No todas las mujeres pasan por ellas de la misma manera; algunas pasan por las tres mientras mantienen un nueva relación sentimental; otras pasan directamente a la tercera y sólo después conocen las otras dos; algunas van y vienen entre las tres. No importa cuál sea el orden sigamos, ni cómo lo hagamos. Lo importante es que averigüemos lo que a cada una nos funciona mejor. Siempre estamos aprendiendo cosas de nosotras mismas. En realidad, es muy importante que no nos juzguemos con dureza por las locuras que podamos cometer de vez en cuando (porque lo más probable es que las cometamos, es parte del proceso).

Y, al igual que yo, todas aprenderemos cosas sin parar. Este libro es la suma total de lo que he aprendido hasta ahora siendo soltera. No conozco todas las respuestas, pero sí sé qué cosas me han funcionado a mí y a las mujeres con las que he hablado para escribir este libro. Espero que nos funcionen a todas.

La sociedad de los solteros

El hecho de que cada vez seamos más las personas que vivimos solas tiene implicaciones sociales. Evidentemente. El tema de la vivienda es importante, porque cada vez hay más gente que accede al mercado de la vivienda. Creo que en los próximos años vamos a ver muchos cambios en el tipo de residencia accesible a la gente.

Donde yo vivo, por ejemplo, es un complejo de apartamentos en Londres. Más o menos hay unas 2.000 personas que viven allí y tengo la impresión de que la inmensa mayoría vive sola. Es interesante, porque es como una auténtica sociedad de solteros. Creo que es representativo de un modelo de futuro posible.

Acabo de llegar de Estados Unidos y en las ciudades me sentía muy cómoda cuando iba sola a un bar o a un restaurante –siempre hay bares y restaurantes a los que una puede ir sola y no te sientan en una mesa enorme y te hacen sentir vulnerable e incómoda–. Los norteamericanos se sienten más a gusto con la gente que está sola, no te hacen sentir como un paria de la sociedad. Y ya se sabe que en Estados Unidos las modas siempre llegan antes que a los demás sitios.

Helen Wilkinson, mujer soltera y directora de proyectos de Demos, vivero de ideas

Es muy posible que, sea cual sea la vía por la que hayas llegado a la soltería, estés aterrada.

Conozco a una mujer que vive con un hombre horrendo, machista y borracho, y que no se separa de él, según sus propias palabras, porque no soporta la idea de pasar sola los sábados por la noche. Es tal el miedo a la soltería que existe en nuestra sociedad que es posible que muchas mujeres, al leer esta confesión, se sientan muy identificadas y estén dispuestas a justificar sus palabras.

Pero, en realidad, cada vez somos más las que sabemos que ante una situación así hay que gritar con firmeza: «¡No!». Siempre es mejor estar sola que mal acompañada. Aunque el dolor que implica tener que admitir que hay algo que no funciona –y muchas veces tener que cambiar nuestra vida por completo como reflejo de ese hecho– no es, lógicamente, algo a lo que accedamos con entusiasmo ni serenidad.

Siendo solteras, es difícil no sentirnos ignoradas. Nuestra sociedad celebra los valores familiares y santifica a la pareja. Desde los cuentos de hadas a las series de televisión, a todos nos encanta ver finales felices en los que las parejas se casan, son felices y comen perdices. Pero la realidad no es así.

La realidad está cambiando

La realidad nos dice que, mientras que el índice de crecimiento de la población adulta entre los años 1996 y 2021 será del 10%, el número total de personas solteras y divorciadas se incrementará en un 50%. De manera análoga, la población casada disminuirá en un 10%. En definitiva, la gente casada se convertirá en una parte minoritaria de la población hacia el año 2007. Se cree que el número de personas entre los 35 y los 44 años que nunca ha contraído matrimonio aumentará en un 50% entre el 2001 y el 2011. El número de mujeres solteras en edades comprendidas entre los 25 y los 29 años se ha doblado prácticamente entre 1987 y 1997 (datos obtenidos de listas recientes de la Oficina Británica de Estadística).

Con las cifras de divorcio tan altas y el *boom* de la cohabitación (parejas que deciden vivir juntas sin casarse) –cosa que hace que la ruptura sea aun más sencilla que en el caso del matrimonio– el hecho es que no sólo es menos probable que nos casemos, sino que es más probable que pasemos más períodos de nuestra vida viviendo solas.

Ya no está garantizado que, si tenemos una relación de pareja, incluso si llegamos a casarnos, vayamos a evitar la soltería. En realidad, existen muchas probabilidades de que no sea así.

Helen Wilson es directora de proyectos del vivero de ideas Demos, y dedica gran parte de su tiempo a analizar tendencias. Cree que hay varias razones que explican por qué las mujeres escogen cada vez más la soltería. Helen afirma que:

> *Una de ellas es que el antiguo contrato entre sexos ha caducado. Antiguamente, el matrimonio era un contrato en el que se intercambiaban independencia económica y seguridad. Las mujeres no eran tratadas como iguales. En la actualidad, las mujeres tienen más poder económico y cultural. Por tanto, tienen mayor capacidad para abandonar una relación que no les resulte satisfactoria. En este sentido, es revelador darse cuenta de la gran cantidad de trámites de divorcio que inician las mujeres.*

Además, a causa de todos estos cambios, se está creando una cultura en la que la gente acepta más que las mujeres sean solteras o vivan solas. Podría decirse incluso que se está produciendo un fenómeno respecto de las mujeres solteras, con personajes como Bridget Jones o Ally McBeal, para las que la soltería es casi glamurosa. Antes se decía que las mujeres solteras se habían quedado «para vestir santos». Hoy en día esto ya no es así.

¡Será mejor que nos acostumbremos!

De todas maneras, siempre que he vuelto a la soltería lo he hecho con pesar –eso que sé que no estoy sola–. *Dateline*, la agencia matrimonial más importante del Reino Unido, calcula que el 91% de mujeres –y el 90% de los hombres– buscan esa relación única y especial.

Pero siempre tengo la misma sensación: aquí estoy otra vez, de nuevo en la casilla número uno, otra vez sola, con toda la energía malgastada, y ese tic-tac de mi reloj biológico. Es hora de ponerme un poco al día y empezar de nuevo. Además, soy muy consciente de que, si hay niños de por medio, la situación es mucho más dolorosa y complicada.

Luego es posible que empiece a plantearme: tal vez sea mejor que esté sola un tiempo para recuperarme de mi relación de pareja anterior. No puedo arrojarme sin más en brazos del siguiente desastre (o sí); necesito más tiempo para reponerme. Se dice que se requiere al menos de dos años para reponerse de la ruptura de una relación de pareja seria. Y eso, ya de por sí, me irrita.

Luego llega el momento en el que me digo a mí misma: seguramente tendré que salir con muchos hombres para (con suerte), conocer al que me convenga. Entonces podré empezar a construir una relación con él.

A este paso, tal vez ya estaré cobrando la jubilación cuando encuentre a mi príncipe azul.

Luego me llega esa horrible vocecilla de la conciencia, que me dice al oído que nunca volveré a encontrar a un hombre que merezca la pena.

Pero, llegadas a este punto, hay que decir: «¡*Basta!*». Este libro trata precisamente de demostrar que estar sola no tiene porqué ser una especie de «fase intermedia» entre dos relaciones, que se trata más bien de un período muy enriquecedor en sí mismo.

Puedo asegurarlo, porque he estado sola otras veces antes. Y también porque he visto que muchas amigas mías se separaban o, simplemente, vivían solas, y se realizaban profundamente durante esos períodos. Algunas de ellas han hallado una paz interior de la que carecían cuando se dedicaban a pasar sin descanso de una relación desastrosa a la siguiente.

Estar sola implica un conjunto de circunstancias; algunas son negativas y otras son difíciles, pero es algo que proporciona grandes alegrías, libertades, triunfos y logros. Con el tiempo, la sensación de fracaso se va convirtiendo en una sensación de euforia.

Este libro trata de cómo acelerar la llegada a esa sensación de euforia. Con él podremos explorar nuestra propia relación con la soltería y descubriremos que ofrece un programa positivo y específico para abordar los retos de estar sola.

¡Espero que os guste!

32 ventajas de ser soltera

1. Puedes acostarte cuando quieras.
2. Cuando te acuestas, puedes quedarte dormida al momento.
3. Si comes helado de chocolate en la cama, puedes estar segura de que no acabarás comiéndote el pelo del ombligo de nadie.
4. No tienes que estar al día de los resultados del fútbol.
5. Las Navidades te salen más baratas.

6. Puedes dejar de limpiar tu casa durante dos semanas sin que nadie te llame «sucia».
7. Siempre que contestes el teléfono, sabrás que es para ti.
8. Por tanto, si te interesa puedes no descolgar.
9. Ves más a tus amigas.
10. Puedes coquetear con un chico sin sentirte culpable.
11. Incluso (¿por qué no?), puedes coquetear con una chica sin sentirte culpable.
12. No encontrarás calzoncillos negros que oscurezcan tus lavados de ropa blanca.
13. Cuando tus amigas se quejen de sus parejas, puedes dar gracias a Dios.
14. Es más fácil seguir las dietas y evitar las ocasiones de comer pizza o patatas fritas y beber cerveza.
15. Puedes hacerte con el mando del «mando» (a distancia).
16. Puedes jugar con los hijos de tus amigos sin complicar las cosas teniendo que demostrar lo buena madre que serías.
17. Los vibradores nunca fallan ni se quedan dormidos antes de que tú acabes.
18. No hay nadie que te diga «¿Y por qué has hecho eso?»
19. Puedes ver el vídeo de *Friends* sin que nadie proteste porque quiere ver *Eurotrash*, un programa de humor británico que se emite semanalmente.
20. No tienes que prestar atención a los relatos sobre las luchas de poder de la empresa de nadie.
21. Puedes quedarte en la cama todo el fin de semana sin que nadie te pregunte: «¿Aún no te has levantado?»
22. Si te apetece, puedes tener una «aventura de una noche», algo puramente sexual, sólo por el placer de sucumbir a la emoción del momento.
23. No tienes que molestarte en estar con gente que no te importa sólo porque son «sus» amigos.
24. No tienes que preocuparte por si le caes bien a «su» madre.

25. Puedes limpiar la casa; y te dura mucho tiempo limpia.

26. Si se te estropea el calentador, llamas a alguien y te lo arregla; no hay nadie que te prometa falsamente que el próximo fin de semana ya lo arreglará él.

27. Cuando ves a una mujer guapa, no tienes que preocuparte de si él también se ha fijado en ella.

28. No tienes que plantearte la pregunta: «¿Nuestra relación va a alguna parte?».

29. No estás a la merced de los cambios de humor de nadie.

30. No hay pelos de la barba desperdigados por todo el lavabo.

31. Te puedes comprar un perro, gato, hámster y todas tus futuras parejas tendrán que aceptarlos.

32. Puedes convertir en realidad ese sueño que siempre has tenido de escribir una novela, pintar un cuadro, dar la vuelta al mundo navegando.

Las 11 cosas que más gustan a las mujeres de vivir solas

Cuando vives sola, la casa siempre está ordenada; si no la ensucio yo, no se ensucia, y si se ensucia es mi suciedad y sé de dónde ha salido.

Alison, *29 años*

Tienes muchas menos responsabilidades. Me parece que cuando se está en pareja se asumen más responsabilidades porque hay otra persona de la que preocuparse. De acuerdo: es verdad que también hay alguien que se preocupa por ti, y eso está muy bien, pero no siempre se da una relación de igualdad en este sentido. Las mujeres tendemos a ser las que más nos preocupamos en las relaciones, en el plano emocional y en otros aspectos. Creo que acabamos hacien-

do más tareas domésticas y así aumentan nuestras responsabilidades.

Susan, 35 años

Siempre soy más independiente cuando vivo sola, y ser independiente me va muy bien. Por poner un ejemplo tonto, he aprendido a programar el video. Cuando hay alguna cosa que haría normalmente un hombre y que resulta que hago yo, me siento muy bien. Pero cuando hay un hombre en tu vida, le dejas hacer esas cosas, y de pronto esa falta de independencia se convierte en dependencia...

Rachel, 27 años

Me encanta salir por ahí con mis amigas, porque son noches en las que puede pasar cualquier cosa; y luego, a la mañana siguiente, yo y mi amiga nos lo contamos todo con todo lujo de detalles, aunque en realidad no haya pasado gran cosa.

Louise, 24 años

Me encanta esa emocionante sensación de posibilidades abiertas que se da cuando conozco a alguien; oigo en mi interior todas esas canciones, me imagino cómo será el futuro. Cuando ya tienes pareja, a veces te preguntas «¿Y ahora, qué? ¿Ya no volveré a sentir esa emoción otra vez?»

Maire, 22 años

Cuando tienes pareja te vuelves más perezosa. Es muy fácil quedarse en casa a ver la televisión, que es un pasatiempo realmente poco enriquecedor.
Cuando era soltera, salía mucho más, y creo que eso le pasa a casi todo el mundo.

Anne, 27 años

Me encanta disponer de mi tiempo y de mi espacio. En realidad, me gusta mucho vivir sola y estar sola cuando así lo decido. A veces me paso un fin de semana entero sola, y el tiempo me cunde, parece que nunca vaya a terminarse; hago lo que quiero, puedo incluso quedarme todo el día en pijama. En teoría, vivir con alguien no debería hacer cambiar las cosas, pero a mí me afecta. Incluso cosas tan simples como darme un baño relajado y tranquilo mientras leo una revista se convierten en experiencias diferentes cuando vivo sola. Es la idea de estarme complaciendo sólo a mí misma, de no contar para nadie. Eso es, precisamente, lo que más miedo da de vivir sola al principio, y es lo que al final resulta más maravilloso.

Ria, 31 *años*

Me encanta esa sensación de saber a dónde voy porque tengo las riendas de mi vida. Cuando alguien llega a tu vida, todo se vuelve más incierto. Pero si llevas un tiempo viviendo sola, sabes que pase lo que pase, sobrevivirás. Y eso, a mí, me hace sentir bien, me hace sentir fuerte.

Sue, 36 *años*

Es fantástico poder hacer cualquier cosa, todo lo que se me ocurra. Sin tener que pensar siempre en otra persona, en si se puede hacer o no. Eso me gusta. Seguramente habré viajado más en los tres últimos años, que es cuando he vivido sola, que en el resto de mi vida. He hecho tres o cuatro escapadas cada año. Si una amiga me dice: «Vámonos a Portugal», puedo suspender mis compromisos y marcharme con ella. En cambio, si tengo pareja, pienso: «Sólo tengo cuatro semanas de vacaciones al año; mejor que las pase con él...»

Sarah, 34 *años*

21

Una de las mejores cosas de vivir sola una temporada es que te das cuenta de que en realidad no necesitas a nadie y así, cuando alguien se te acerca, la sensación es mucho más relajada y agradable. Desaparece esa idea horrible de que sin una pareja no eres capaz de sobrevivir. Eso es básico.

Ria, *31 años*

Lo mejor de vivir sola es poder tomar decisiones exclusivamente en base a ti misma. La libertad de saber que puedes hacer exactamente lo que quieras. Cosas pequeñas, como quedarte en la cama sin hacer nada, sólo porque puedes permitírtelo, y pensar que es genial. Pero también decisiones importantes, como irse a Australia a pasar un año si te sale la posibilidad. Esa sensación de libertad es muy especial.

Kate, *30 años*

Así que ya ves, en el fondo no está tan mal. Pero muchas veces no llegamos a apreciar las cosas buenas por culpa de todo el dolor que se interpone en el camino. Esto nos lleva a…

Primera parte
Sellar la ruptura

Es posible que vivir sola te resulte lo más normal del mundo, que no te preocupe para nada tu «ex» (o que no tengas «ex») y que estés impaciente por volver a salir con chicos. Si éste es tu caso, sáltate esta parte y pasa directamente a la tercera.

Pero si te pones a llorar cada diez minutos, si tienes días buenos y días malos y no sabes cuál de ellos será el próximo, entonces es que aún no has superado tu anterior relación. Sigue leyendo, y pronto podrás…

Poner fin al juego de los culpables

La calidad de la soltería depende en gran medida de cómo haya sido la última ruptura sentimental. En mi caso, fue muy difícil, porque había mucho rencor de por medio. Mi ex me dijo que me amaba con locura, que lo único que le atraía de aquella otra mujer era el sexo. Y en teoría aquello no tendría porqué haber sido algo tan horrible, pero lo fue. Para mí seguía siendo una infidelidad. Así, tuve que enfrentarme no sólo al hecho de vivir sola, sino de haber sido engañada. Y las sensaciones que me producía todo aquello eran muy desagradables.

Si la separación hubiera sido más amistosa no me habría sentido tan sucia, manipulada, enfadada, ni habrían salido a relucir aspectos oscuros de mí misma. Pero ahora me alegro de que afloraran, porque creo que conseguí vincularme a una parte de mí que también es oscura y me gusta saber que existe. Pero, por otra parte, no pude acceder a una soltería positiva de inmediato, porque me sentía muy maltrecha.

Sarah, 35 años
tres años después de su ruptura sentimental

No hay duda de ello. El factor fundamental a la hora de disfrutar de una soltería agradable con algún viso de positividad es enfrentarse eficazmente a la ruptura de la última relación sentimental. Si, en tu caso, ésta se rompe amistosamente y accedes a la nueva soltería con alivio y absolutamente convencida de que la relación no habría funcionado, enhorabuena. En ese caso, puedes pasar de largo esta parte. Pero si te queda alguna sombra de duda, algún amago de culpa; si te asaltan arrebatos repentinos de furia salvaje e incontrolable; si de pronto te sientes atenazada por la nostalgia cuando pasas por el restaurante en el que cenasteis juntos por primera vez… entonces sigue leyendo.

Es fácil darse cuenta de cuándo una persona no ha «cerrado», como dicen los norteamericanos. Pueden haber pasado meses –incluso años– desde la ruptura, pero salir con esa persona implica tener que escuchar una diatriba constante sobre su ex, una crítica feroz a la actual pareja de éste, o al mal gusto con el que ha decorado su nuevo apartamento, por no hablar de lo ridículo de su coche, que no es más que una exhibición fálica de poder, etc., etc. Para estas personas, saber todos los detalles de la vida de su ex pareja se convierte en un deber, y entre esos detalles no hay más que un montón de faltas y despropósitos de todo tipo. Al abordar este tema, su ánimo mejora espectacularmente. Alzan la voz de pronto, tensan el cuerpo. Hablan sin cesar del asunto, no saben cómo ponerle fin. Culpan al otro como si tuvieran la patente de la culpabilización. Pero si les dices: «Aún no has dejado de quererle», se ponen a la defensiva y dicen algo así como: «Y tanto que sí».

Si tienes la vaga sospecha de que éste puede ser tu caso, ten presente que no es algo correcto, por dos razones:

- Porque paraliza.
- Porque los amigos, al final, se cansan de nuestra incapacidad para salir adelante y pierden la paciencia.

De todos modos, es cierto que justo después de la ruptura de cualquier relación, hace falta hablar. Hablar y hablar sin parar. Hay que airear todos esos sentimientos de culpa y de venganza. La persona que los siente necesita volver a ellos una y otra vez, contárselos a amigos diferentes, para intentar entender lo que ha sucedido, aunque no tenga sentido y nunca llegue a entenderlo.

Deja de culpabilizar al otro. Ahórrate meses de terapia y hazme caso: si no puedes dejar de echarle la culpa a él, es mucho mejor –y más sano– que concentres toda esa energía y dedicación a ti misma. No, no quiero decir –evidentemente– que te eches la culpa a ti misma de lo sucedido. Aunque pueda sonar un poco difícil, lo que quiero decir es que debes asumir la responsabilidad de tu vida, prestar atención a tus conductas y actitudes más típicas. Y te aseguro que te sentirás mejor mucho más rápido. Al asumir la responsabilidad de tu propia vida y de tu felicidad, tienes muchas más probabilidades de llegar a ser feliz en el futuro.

Después de que mi primer esposo me dejara, empecé a obsesionarme con lo horrible de su comportamiento… y el caso es que lo era. Pero ahora me doy cuenta de que se esforzaba lo más que podía y que seguramente no tenía mala intención. Pero lo cierto es que yo no podía soportar la sensación de rechazo y abandono. Quería que la gente pensara que mi ex era una persona horrible, para esquivar la vaga sospecha de tal vez el monstruo era yo, porque si no, ¿por qué me habría abandonado?

Lo que pasaba es que me estaba poniendo en el papel de víctima. No tenía ni idea de las estrategias que se estaban urdiendo a mis espaldas. Una ladrona entró en casa en plena noche y me robó lo que más quería.

Necesitaba contárselo a alguien. Necesitaba pisotear su camisa más cara por toda la casa. Necesitaba sucumbir a mis fantasías de pincharle las cuatro ruedas de su espectacular deportivo nuevo.

Pero llega un momento en el que hay que parar. Yo supe que mi momento había llegado cuando un consejero me dijo que podría competir representando a Europa en el concurso mundial de lamentos.

Desde el momento mismo en que dejas de concentrarte en *él*, aprendes mucho más de ti misma. Y aprender cosas sobre ti misma es una de las grandes ventajas de la soltería. Si realizamos un aprendizaje de nosotras mismas, nunca más volveremos a ser las de antes. Y ése es ya un primer paso muy poderoso a la hora de impedir que se produzca un nuevo desastre total en una relación sentimental futura.

Sí; el comportamiento de tu «ex» puede haber sido realmente horrible. Pero si quieres devolverle la pelota, la felicidad es la mejor de las venganzas. Y nunca llegarás a ella si sigues encallada en la fase del «pobre de mí», sintiendo lástima de ti misma. No pretendo sugerir que no haya que sentir cosas malas. Lo que hay que hacer es limitarse a darle el valor que tienen y luego concentrarse en la única persona que realmente importa, la única persona por la que puedes hacer algo: *tú misma*.

Como dice Sarah, la misma que con sus declaraciones ha abierto este capítulo:

Supe que mi madre se estaba muriendo y casi a continuación mi compañero conoció a otra y me dijo que quería una separación amistosa. Yo no podía quitarme de la cabeza su falta de tacto y su mal gusto. Entonces se me ocurrió que todo aquello era una locura, que debía dejarle hacer lo que tuviera que hacer, pero que tenía que dejar de centrar en él toda mi atención. Basta. Aquello fue un verdadero maratón. Cada día tenía que dejar de concentrarme deliberadamente en nuestra relación. Fue el principio de mi soltería. Pensaba: Voy a estar al lado de mi madre mientras muere, así que no voy a concentrarme en él. Y era un esfuerzo diario, cotidiano, renovaba mi esfuerzo y mi centro de atención.

Es curioso decirlo pero, que mi madre estuviera tan enferma me ayudó en cierto modo. Pensaba: ¿Por cuánto tiempo voy a estar arrastrando la muerte de esta relación cuando en realidad hay una persona que se está muriendo delante de mí? Me ayudó a ver claro que no podía gastar mis energías en aquello.

Revisión

Señales sutiles que indican que aún no has superado la ruptura:

- *Echarle la culpa a él o quejarse.*
- *Ponerte furiosa cuando alguien le menciona.*
- *Ponerte furiosa cuando hay que hacer algo para adaptarte a una nueva vida sin él.*
- *Pasar como por casualidad por delante de su trabajo, casa, gimnasio, lo que sea...*
- *Sentir una especie de «subidón» al hablar de él, notar que la voz aumenta de volumen, que el discurso se acelera.*
- *Ponerte furiosa cuando la gente dice que estas cosas llevan tiempo.*
- *Distraerte constantemente con comida, alcohol, trabajo, etc., para evitar pensar en él.*

Si aún no estás convencida de lo malo que es esto de la culpa, lee este párrafo de la reina de los libros de autoayuda, la norteamericana Susan Jeffers, autora del libro de revelador título: *Feel the Fear and Do it Anyway (Hazlo aunque te dé miedo)*.

La supuesta compensación de todas las excusas propias de las «víctimas» es que, evidentemente, al estar en una situación de inmovilidad, no hay razón para salir del miedo y tomar las riendas de la propia vida. No tenemos que salir por nuestro propio pie del lodo. Podemos limitarnos a sentarnos ahí y representar el papel de víctimas.

Y así, nos preguntamos: «¿Por qué no permanezco para siempre en este estado de culpabilización? Seguro que es más fácil». Pero mi respuesta es que hay un montón de buenas razones para superar las supuestas ventajas de ese papel y para asumir con orgullo lo que somos en tanto que seres humanos. Algunas de ellas son: la felicidad, la paz de espíritu, la satisfacción, la alegría, el respeto por sí mismo, la confianza, una vida digna.

Concéntrate en ti

Ahora que ya está claro, el segundo aspecto más importante a tener presente es ser indulgente con una misma. Trátate como si fueras tu mejor amiga. Has pasado por un trance muy doloroso, que a menudo se compara con un luto. Pero en ciertos aspectos es aún peor que éste, porque la persona por la que sentimos el dolor no está muerta, sigue en nuestro entorno y en algunos casos se acuesta con nuestra mejor amiga.

Los expertos no se ponen de acuerdo sobre el tiempo que hace falta para recuperarse de una ruptura sentimental cuando la pareja ha mantenido una relación estable. Algunos afirman que un mínimo de seis meses; *Relate*, una importante organización de asesoría matrimonial, asegura que se tarda dos años. Las mujeres con las que he hablado para hacer este libro me han dado tiempos muy dispares, pero sus estimaciones se contaban más por años que por meses.

Tal vez esto te llene de horror y de ira. A mí me pasó. Y también a mi amiga Jacqui, que dice:

> *Me acuerdo de que cuando me separé de mi ex, la gente me decía que tardaría un año en superarlo, y yo pensaba, «¡Y una mierda! No voy a consentir que ese hombre me haga perder un año de mi vida superando nuestra ruptura». Estaba muy enfadada. En aquel momento no podía imaginar que la cosa iba a alargarse durante tres años. No con el mismo grado de intensidad que al principio, pero lo cierto es que se tarda bastante.*

No todo son malas noticias; por más difícil que resulte creerlo, cuando nuestra vida, nuestros deseos, nuestras esperanzas y nuestros sueños se acaban de disolver como los Beatles tras la aparición de Yoko Ono; la buena noticia es que es posible acelerar este proceso. La noticia no tan buena es que esto se consigue sólo si una se enfrenta de verdad al dolor.

Y enfrentarse al dolor implica…

Asumir los propios sentimientos

En la actualidad nunca sé cómo me voy a encontrar al día siguiente. Un día estoy perfectamente bien y al siguiente me despierto enfadada y sigo enfadada todo el día. A veces me levanto deprimida y, a media tarde, la depresión se transforma en enfado. En otras ocasiones me levanto de buen humor pero, de repente, cualquier tontería me desencadena el llanto, y ya no paro en todo el día. Hay veces en que creo que paso por todas las emociones femeninas conocidas, más algunas de cosecha propia.
Lo único que sí puedo decir es que empieza a haber más días buenos que malos.

Rosa, *29 años*
5 meses después de su separación

¡Oh, no, otra vez no!
¡Pero si yo creía que ya estaba superado!
Él me dijo que siempre me querría.
Es el padre de mis hijos.
¿Y ahora qué?
¿Y si no vuelvo a encontrar nunca otra pareja?

Los sentimientos sirven para algo. Son señales. Los sentimientos son como el empleado que viene a leer el contador del gas; si se les abre la puerta y se les atiende, se van. Pero si se les ignora, igual que los empleados que leen el contador, vuelvan a visitarnos una y otra vez y nos dan la lata hasta que aprendemos a leer nuestros propios contadores emocionales.

Las emociones poseen la llave de la curación. Ojalá lo hubiera sabido cuando terminó mi primera relación sentimental. Pero empecé a obsesionarme con el «por qué». ¿Por qué me dejó? ¿Qué le pasaba y por qué no me dijo nada? ¿Por qué ella? ¿Por qué en aquel momento? ¿Por qué, por qué, por qué? Me quedaba en la cama, despierta, intentando entenderlo. Desconcertaba a mis amigos con preguntas. Se lo preguntaba a él; ¿por qué? Y él no me respondía, seguramente porque no sabía. Si hubiera sabido lo que sé hoy, seguro que me habría ayudado mucho más olvidarme de tantos porqués y darme un buen hartón de llorar.

En una ocasión conocí a un hombre muy sabio, que trabajaba como sanador, y que me dijo: «Dios nos dio el corazón para que viviéramos con él y la cabeza para que entendiéramos sus sentimientos. No al revés».

Los sentimientos son importantes. Los sentimientos importan. Vivimos en una sociedad que trata las emociones como trata a las personas sin techo; las ignora confiando en que se irán. Parece que en las sociedades avanzadas seamos alérgicos a los sentimientos, de tanto como los negamos. Con la mejor intención del mundo, nuestros amigos y familiares intentan bloquearlos con mensajes del tipo: «No llores», «Él no se merece que lo pases tan mal», «Ya deberías haberlo superado», «Cálmate». Lo dicen para bien, pero es mejor ignorarlos. Nuestros sentimientos son nuestros mejores amigos. Les necesitamos cerca.

Es más: por lo que se refiere a las emociones, todos tenemos nuestros gustos y nuestras fobias personales; nos desenvolvemos mejor con ciertos sentimientos que con otros. Hay quien llora sin problemas pero nunca se permite enfadarse, o se llena de indignación, pero nunca se permite sentimientos suaves, como la tristeza. A veces centramos toda nuestra atención en los celos y nos obsesionamos con esa gorda rubia con la que nuestro ex se fugó. Pero todas las emociones son naturales. Y cuando pasan a través de nosotras, así es como pasan.

¿Por qué tienen tan mala prensa las emociones? Por una razón obvia: porque causan dolor. Además, hemos aprendido a desprendernos y a reprimir algunas de ellas desde la infancia. Por poner un ejemplo extremo. Si nuestro padre era violento, seguramente nosotras tendremos miedo de sentir la ira violenta creciendo en nuestro interior. Si el padre de nuestra mejor amiga era violento, nuestra amiga tendrá miedo de que nosotras nos enfademos. Pero, a pesar de ello, todas las emociones son naturales y, tras una ruptura sentimental, las vamos a sentir todas.

Cuando los bebés se sienten mal, protestan, y cuando se sienten bien, gruñen de satisfacción. Cuando están enfadados o les duele algo, gritan. Aún no han aprendido a «controlarse». Gracias a eso, lo sacan todo a la luz. Los bebés no se guardan nada. Necesitamos ser un poco como recién nacidas durante un tiempo, hacer aflorar todas nuestras emociones.

Tal vez dé miedo. Tal vez detestemos la idea de tener sentimientos. Como dice Rosa:

> *No soporto estar así. Mi vida, hasta ahora, ha estado muy bien y de repente, ¡boom!, todo se rompe en pedazos y no tengo ninguna experiencia con la que comparar lo que me está pasando. He perdido el control.*

Se trata de un miedo común pero, de hecho, las emociones nunca nos desbordan del todo. Es más probable que acaben transformándose en depresión si se reprimen. La manera de enfrentarse a ellas es sintiéndolas, y no dejando que se pudran.

Yo, por mi parte, no lo entendí así hace seis años, cuando mi matrimonio se deshizo, y no me enfrenté de verdad a mis sentimientos de tristeza, rabia e impotencia. Y pasó lo que pasó. Ahora me doy cuenta de que muchas de mis acciones de los últimos seis años pueden interpretarse como una especie de compensación, una distracción del increíble dolor que me generó el abandono de un hombre con el que había compartido todos los días de mi vida durante diez años.

Mecanismos de defensa

Como hay sentimientos que pueden ser tan brutalmente dolorosos, todas tenemos defensas que empleamos de manera inconsciente para protegernos.

Así, comemos demasiado, iniciamos a toda prisa otra relación de pareja, salimos sin parar, nos portamos mal o nos acostamos con el primero que pasa.

Más frecuentemente, «convivimos con ello». Si todos nuestros amigos y amigas nos felicitan por lo bien que lo estamos sobrellevando, dejemos que ese cumplido nos llegue al alma, pero al llegar a casa y quedarnos solas, preguntémonos si en realidad es así, porque no somos soldaditos de plomo programados para resistir.

Sí, aquello contra lo que nos defendemos puede ser francamente horrible. Sentimos que nos vamos a morir, que no podemos más, que es demasiado, que sentirse así es terrible, que estamos aisladas en nuestro dolor; las palabras «desesperada» o «desesperación» dejan de ser meros términos en un diccionario y se convierten en parte de nuestra vida cotidiana.

Por decirlo en dos palabras. Es horrible. Pero… *Muchas veces, el sentimiento contra el que tanto nos protegemos no es tan malo como tememos.*

Mecanismos de distracción
para escapar de los sentimientos

- ◆ Beber demasiado.
- ◆ El sexo.
- ◆ Coquetear.
- ◆ Trabajar demasiado.
- ◆ Comer de manera compulsiva.
- ◆ Salir demasiado.
- ◆ Entregarse en cuerpo y alma a las vidas de los hijos.
- ◆ La negación –no hay para tanto.
- ◆ Iniciar precipitadamente otra relación de pareja.
- ◆ Ver mucho la tele.
- ◆ Hacer dieta de manera obsesiva.
- ◆ Hacer ejercicio físico de manera obsesiva.

Ejercicio

- ◆ Siéntate y percibe tu «temperatura emocional» en este momento. ¿Notas algún dolor? ¿Alguna soledad? Si hay algún dolor, intenta captarlo y di para tus adentros: ¿Y por qué no puede estar bien sentir así?

- ◆ Intenta hacer este ejercicio durante diez minutos al día. Y, en diferentes momentos a lo largo de la jornada, hazte la siguiente pregunta: «¿Qué estoy sintiendo en este momento?». Cuando la gente con la que tienes confianza te pregunte cómo estás, intenta decirles: «Hoy estoy triste», por ejemplo, en vez de responder con la frase hecha de siempre: «Estoy bien».

- ◆ Esto es lo que Robin Norwood, autor de un libro de autoayuda dedicado a las mujeres de éxito, denomina «arrimarse» a los sentimientos. No huir de ellos. No ignorarlos, sino arrimarte a ellos y quedarte quieta a su lado hasta que pasen.

◆ Además, recuerda que hay una relación entre los pensamientos y los sentimientos. En estos momentos piensa positivamente y no abrigues ideas que propicien los momentos de depresión, sino precisamente pensamientos que potencien los momentos de optimismo (en el capítulo 4 ampliamos este aspecto).

Aprender a manejar las emociones: qué hacer

No olvides que lo peor que puede hacerse en el momento de una ruptura sentimental es reprimir las emociones. Las emociones se mitigan si las reconocemos y si hablamos de ellas. Así que lo que hay que hacer es llamar a una amiga y decirle que hoy estamos tristes, o enfadadas. Si no están en casa, le dejaremos un mensaje en el contestador en el que le diremos lo mismo. Si no es posible, nos lo diremos a nosotras mismas, para hacerlo consciente. Debemos olvidarnos de eso que dicen de que hablar sólo es un primer síntoma de locura. Digámoslo en voz alta, para nosotras mismas: «Estoy triste».

Diario de sentimientos

Existe un instrumento de gran poder curativo y que no cuesta más que el precio de un bolígrafo y un trozo de papel: la escritura.

El mero hecho de poner nuestros sentimientos por escrito es extraordinariamente beneficioso. J. W. Pennebaker, investigador de terapias de escritura y profesor de psicología en la Universidad Metodista del Sur, en Dallas, ha estudiado la relación entre la escritura y los sentimientos y ha llegado a la formulación de descubrimientos muy reveladores. En una de las pruebas realizadas, pidió a un grupo que escribiera durante veinte minutos sobre las experiencias más perturbadoras de su vida, mientras que un segundo grupo hacía lo propio sobre temas intrascendentes, como por ejemplo lo que habían hecho durante sus vacaciones. Al cabo de seis meses de repetir esta prueba, constató que el estado de salud de los integrantes del primer grupo era mucho mejor y que visitaban a los médicos con mucha menor frecuencia. También hizo que algunos profesionales desempleados escribieran lo que sentían en relación a su pérdida del empleo y los comparó con otro grupo similar que se dedicaba a escribir sobre temas cotidianos desvinculados de sus emociones; en este caso también constató que el primer grupo no sólo era más sano y feliz, sino que sus miembros encontraban trabajo más rápidamente.

Así que está demostrado que escribir es de gran ayuda.

¿Cómo hacer que nos ayude a nosotras?

Una idea es llevar un diario de sentimientos, un espacio privado, propio, en el que podemos liberar todos nuestros sentimientos sobre la ruptura, nuestro ex, nuestra nueva condición de solteras. No tiene que leerlo nadie más, así que podemos permitirnos ser tan malas, sarcásticas o exageradamente tristes como queramos. Nuestro diario puede ser nuestro mejor amigo y en él podemos confesar pensamientos y emociones que ni nuestras mejores amigas de verdad conocen. Si escribimos un poco cada día, estaremos dedicándonos un tiempo valioso a nosotras mismas.

Un consejo: Intenta no concluir con tristeza, esfuérzate por escribir con una mentalidad más positiva. Cada día, al final de cada sesión de escritura, podemos añadir algunas frases positivas (en el capítulo 12 se amplía el tema de las afirmaciones).

Es conveniente escribir algo cada día, o al menos con la mayor frecuencia posible.

Además de hacernos sentir mejor de manera inmediata, un efecto secundario positivo es que en el futuro podemos volver la vista atrás y ver cómo éramos, qué pensábamos, qué emociones teníamos y valorar los progresos que hemos hecho (porque no hay duda de que haremos progresos).

Y, ¿quién sabe?, a lo mejor dentro de muchas generaciones, alguna descendiente nuestra encuentre el diario en la buhardilla y le ayude a salir de una ruptura sentimental.

Si lo de la escritura no es lo tuyo, intenta hacer dibujos de lo que sientes. No tienen porqué ser artísticos ni buenos, porque son para ti, para sacar a la luz tus sentimientos. Pueden ser como dibujos de niña, o trazos puramente abstractos. Lo importante es que para ti signifiquen algo. No hay duda de que las cosas se transforman con el arte.

Si te sientes agotada y a punto de explotar porque todos a tu alrededor te exigen que superes la situación, puedes intentar marcharte sola una semana. Yo lo hice varias veces durante la ruptura de mi segundo matrimonio y me fue muy bien. Conocí a una señora encantadora que me alquiló una casita junto al mar que se convirtió en mi santuario. Sin exigencias ni presiones. Sólo yo, el mar, y una caja enorme de pañuelos.

Cuando los sentimientos son excesivos

Consejos útiles

> *Yo pasé por la fase del «café solitario». Había una cafetería italiana al lado de mi casa y yo llevaba mi ropa a la lavandería y me sentaba allí a tomar un café con leche y me daba cuenta de que ningún hombre se fijaba en lo maravillosa que era. Cuando ya estaba muy triste, me levantaba y me iba, pero llegué a un punto en el que empezó a parecerme maravilloso estar tan triste y darme cuenta de ello. Era como una especie de ritual pensado para hacerme sentir mejor. Al final, es una de las cosas que más añoro de vivir sola.*
>
> *Ella, 26 años*

Tristeza

Todo te recuerda a él. Hay sitios que te recuerdan a él, canciones que te recuerdan a él, hasta comidas que te recuerdan a él. Y cada vez que lo recuerdas te golpea la tristeza. Después de romper con mi primer marido, me di cuenta con horror de que todo, absolutamente todo, lo que había sucedido en una década me recordaba a él.

Y luego están todos los planes que teníais en común. Los deseos, las esperanzas y los sueños. ¿Con quién iré de vacaciones ahora ¿Con quién pasaré los domingos? ¿Quién me llevará a cenar el día de mi cumpleaños?

La tristeza y, en su forma más extrema, el pesar, se ven como emociones femeninas. Casi se espera de nosotras que la sintamos. Pero eso, francamente, no hace que nos resulten más fáciles. He aquí algunas claves para aliviar la tristeza…

- Se indulgente contigo misma. Permitirte sentir tristeza y no olvidar que en ese estado una se siente muy vulnerable.
- Existe un miedo muy generalizado: si empezamos a llorar, ya nunca pararemos. No hay que asustarse con esa idea. No es verdad. Yo me permito exteriorizar la pena y lo máximo que he llorado, intermitentemente, han sido unas horas, y no me he muerto. Al día siguiente siempre me levanto sintiéndome mucho mejor.
- Regodéate un poquito en tu tristeza, para permitir que salga a la superficie: escucha canciones tristes, mira películas «para llorar», escribe un poema, pon una música triste y baila un baile triste.
- Intenta evitar sentimentalismos excesivos del tipo «Ya nunca volveré a disfrutar de una puesta de sol».
- Permítete algún «día de cama». Si te despiertas y ves que sinceramente no tienes ánimos para levantarte, quédate en la cama.

10 canciones para momentos de tristeza (para ponerte aún más triste)

Puedes incluso convertir tu pena en una grabación para cuando necesites llorar o sentir pena de ti misma.
- *I can't make you love me* – George Michael
- *You have been loved* – George Michael (de hecho, cualquier balada de la última etapa de George Michael)
- *Walking Wounded* – Everything but the Girl (en realidad, todo el album *Do you like being single?*)
- *Missing* – Everything but the Girl
- *Music sounds better with you* – Sturdust
- *Tears of a clown* – Smokey Robinson
- *How can you mend a broken heart* – Al Green
- *Without you* – Mariah Carey o Nilsson
- *Layla* – Eric Clapton (ya sé que va de su amor por una mujer, pero ¿y qué?).

Ira

…Emoción que las «buenas chicas» no sienten. Pero, en contra de lo que nos han dicho muchas veces de pequeñas, enfadarse está muy bien. Es saludable y necesario y es más peligroso guardarse el enfado para una.

También en este caso, como en el del llanto, tenemos miedo de que si exteriorizamos nuestro enfado, perderemos el control, pegaremos a alguien o simplemente explotaremos. Una vez más, recuerda que esto no sucederá siempre que entendamos que podemos controlar el enfado, para que éste no nos controle a nosotras.

Además, la ira nos hace sentir bien, nos hace sentir fuertes. Llena nuestra sangre de adrenalina y es como recibir un «subidón» temporal a base de nuestras propias sustancias químicas.

Apuntes sobre la ira

- **La ira invita a la acción.** Se puede exteriorizar haciendo alguna actividad física –dar puñetazos a un cojín es una buena idea–. Otra sugerencia es salir a correr y, con cada pisada, imaginar que estamos dándole en la cara a nuestro ex. También podemos tomarla con los aparatos del gimnasio, o hacer ruidos (sentadas en el coche, con las ventanillas levantadas, gritar hasta no poder más, gruñir con la cabeza hundida en la almohada, cualquier cosa que nos ayude a pasar una noche de enfado).

- **Escríbele a tu ex una carta que nunca le enviarás.** Comunícale todas tus ideas airadas, tu amargura, tus reproches. Coméntale con todo lujo de detalles las consecuencias de su mal comportamiento. Dile lo que te gustaría hacerle. Luego quema la carta. Puede resultar muy satisfactorio ver que tus palabras de enfado se convierten en humo.

- **Permítete algunas fantasías de violencia.** En psicología se cree que las fantasías de violencia son muy útiles a la hora de abordar los sentimientos de violencia. Se señala que los niños no tienen ningún reparo en expresar en voz alta lo que les gustaría hacerle a Johnny, que acaba de robarles su coche de juguete. Las fantasías violentas pueden ser útiles, siempre que tengamos claro que no vamos hacerlas realidad.

- **Sentarte en una silla,** visualizarlo a él sentado frente a ti y expresarle todo tu enfado.

Unas breves palabras sobre la venganza. Si es necesario, exprésala, pero lo único que se consigue con ella es que nos sintamos y parezcamos más pequeñas. Creo sinceramente que nos bloqueamos a nosotras mismas si nuestra incapacidad para superar una situación se traduce en que tenemos que llevar a cabo nuestra agresión. Ya nos sentimos lo bastante mal y no tenemos ninguna necesidad de añadir nada más que nos haga sentir peor.

Celos

Los celos, ese estado emocional horrible, son, de hecho, la manifestación de una emoción secundaria que suele tapar un sentimiento oculto.

En el fondo se trata de un deseo puesto del revés. Los expertos afirman que si devolvemos la envidia o los celos de nuevo a su origen, siempre hallaremos algo que necesita arreglo, alguna necesidad que no ha sido atendida, alguna ambición rota, alguna inseguridad que precisa de una inyección de confianza. Estoy segura de ello. No hace falta ser Sigmund Freud para averiguar la raíz de nuestros celos.

Apuntes sobre los celos

◆ **Pregúntate a ti misma lo que quieres de verdad.** Si sientes envidia de la nueva pareja de tu ex es, obviamente, porque ella tiene lo que tú deseas: a él. Así que llora tu pérdida. Admite que le echas mucho de menos, en vez de centrar tu atención en un resentimiento hacia ella. Y ten en cuenta que ella no te lo ha robado, que ha sido él quien se ha ido. La responsabilidad es siempre de la persona que tiene la aventura. Tal vez te descubras a ti misma sintiendo envidia de personas que en apariencia tienen vidas perfectas, reacción frecuente ante el caos en el que queda tu vida «tras el final de la historia». Así que, también esta vez, procura centrarte en lo positivo. Pregúntate cómo vas a hacer para conseguir ahora la vida que deseas (los ejercicios de la segunda parte te serán de gran ayuda).

◆ Igual que pasa con la ira, **escríbele una carta** que nunca enviarás.

◆ **Piensa en lo que tienes.** Si no se te ocurre nada, la libertad no es mal punto de partida.

◆ **No te permitas caer en la amargura.** No vale la pena ni por él ni por nadie.

Depresión

La depresión, caracterizada por falta de energía, apatía, una sensación de falta de sentido en las cosas, es en realidad lo contrario a una emoción y generalmente conlleva un estado emocional real asociado, aunque se encuentre oculto. Hay muchos expertos que creen que la depresión es un enfado dirigido hacia el interior de uno mismo y que desencadena la actitud del «¿Y qué sentido tiene?». A veces también puede ser una forma dormida de tristeza.

Apuntes sobre la depresión

◆ Pregúntate si no estarás enfadada en realidad. A veces, cuando la gente dice que les gustaría llorar pero no puede, es porque en realidad está enfadada, o aturdida. El aturdimiento puede ser también un estado emocional.

◆ Si los síntomas persisten –es decir, si nos encontramos en un estado de depresión que se prolonga durante semanas, o nos vemos incapaces de soportarlo– no está de más consultar con el médico de cabecera. Es posible que éste nos remita a algún asesor o nos recete algún antidepresivo suave que nos ayude hasta que nos sintamos mejor.

Miedo

Creías que todo estaba claro. Creías que todo estaba bien. Y ahora ves que no. Ahora ves que no está superado en absoluto.

Es totalmente comprensible que sientas miedo.

Podría decirse que todas las emociones negativas –los celos, la ira, la culpa– derivan del miedo. Y éste se inicia en nuestra propia mente, nace de la propensión a vivir en el pasado y a intentar controlar el futuro. Así que avivamos el fuego del miedo con pensamientos del tipo: «¿Cómo voy a controlar mi vida a partir de ahora? Esto es terrible. No puedo asumirlo». Además, claro está, del miedo más frecuente que he hallado en todas las mujeres con las que me he entrevistado: *¿Y si ya nunca vuelvo a encontrar pareja? (Véase* recuadro, páginas 48 y 49).

Apuntes sobre el miedo

- **Respira.** Cuando tenemos miedo, la respiración se acelera y se hace menos profunda. Es muy difícil respirar profundamente y sentir miedo a la vez.
- **Llama a una amiga.** Háblale de tus miedos y deja que te tranquilice y te diga que todo saldrá bien.

En el diario de sentimientos, haz una lista de tus miedos relacionados con la soltería, por ejemplo: «Nunca volveré a encontrar el amor», «¿y si él era mi media naranja y ahora ya no vuelvo a encontrar a otro?», «nunca saldré adelante yo sola», «no tendré el dinero suficiente para pagar la hipoteca, o lo que sea», «¿y si sus abogados me dejan sin nada?». La escritura de esos pensamientos temerosos suele ser tranquilizadora.

Usa una frase extraída de la biblia de los miedosos, la obra *Feel The Fear And Do It Anyway (Hazlo aunque te dé miedo)*: «Pase lo que pase, saldré adelante». Sé consciente de que así es.

Si tienes ataques de pánico, ve a visitar al médico.

El principal miedo de las mujeres solas: ¿Y si ya nunca vuelvo a encontrar pareja?

Una y otra vez, en todas las entrevistas que mantuve con muchas mujeres, éste era el monstruo que más veces asomaba las orejas. Esa idea que entraba en su cabeza justo antes de irse a dormir; ese diablillo agazapado detrás de cualquier comportamiento extraño, cualquier cita imposible, cualquier día de depresión o rabieta.

Este miedo subyace a muchas de nuestras acciones. Como el hecho de echarle la culpa a él. Si resulta que es culpa suya, entonces no puede ser culpa nuestra. Porque si fuera culpa nuestra, querría decir que tal vez teníamos algún problema y, si tuviéramos algún problema, quizá nunca encontraríamos pareja. O como cuando nos ponemos a coquetear con el adolescente lleno de acné de la oficina de correos sólo porque es un hombre y nos está guiñando el ojo y a lo mejor esa será nuestra última oportunidad en la vida, porque a lo mejor ya nunca encontraremos pareja.

Es evidente que este pensamiento es erróneo. O, en jerga psiquiátrica, «catastrofista».

Sea como sea, el caso es que no nos hace ningún bien.

Hay que contraatacar con un pensamiento positivo.

Una de las mejores curas contra el pensamiento catastrofista es mirar a directamente a los ojos de la catástrofe y decirte a ti misma: Incluso si nunca encuentro pareja, estaré bien. No me moriré. Tal vez tenga una vida diferente que si encuentro pareja, pero seguiré estando viva, y la vida ofrece muchas cosas con las que disfrutar. Mi perro seguirá conmigo, tendré mi casa, mis hijos –lo que sea–. Seguirá habiendo grandes películas que ver, libros que leer, lugares que visitar, amigos a los que querer.

O cualquier expresión que te funcione, ante la perspectiva de tener que enfrentarte a lo peor.

Otras cosas que puedes hacer para apoyarte a ti misma:

Hacer afirmaciones (véase página 166), como por ejemplo. «Estoy atrayendo una relación sentimental a mi vida».

Tener un amigo a quien llamar cuando estemos en la fase ¿y si ya nunca vuelvo a encontrar pareja? Decirle de antemano que su labor consiste en tranquilizarnos con frases como estas: hay muchos hombres ahí fuera; tú eres una mujer maravillosa; si se busca, se encuentra, etcétera...

Piensa en todas las mujeres que conoces y que, contra todo pronóstico, han encontrado pareja. Pregúntate sinceramente si estás preparada para otra relación. Porque cuando no estamos preparadas, resulta que no emitimos esas vibraciones que dicen: «Ven a buscarme». Pero entonces, un día, de repente, algo cambia y los hombres llegan como los autobuses, es decir, varios a la vez.

Recuerda que tu vida no tiene porqué detenerse hasta que encuentres pareja. Cada vez que tengas un ataque de miedo basado en la no consecución de pareja, haz algo para ti misma. Cómprate un libro, da un paseo, organiza una salida con amigas, llama a una agencia matrimonial, cualquier cosa que te haga salir del agujero negro del ¿Y si ya no vuelvo a encontrar pareja?

Culpa

Tal vez fuiste tú quien rompió la relación y él esté destrozado. Tal vez tuviste una aventura y ahora te sientes mal. Tal vez tenéis hijos y se sientan desgraciados.

Tal vez todos los niños que se mueren de hambre en el tercer mundo no se morirían de hambre si tú te hubieras comportado de otra manera.

Es posible que cedas a este tipo de pensamiento erróneo, que te convenzas a ti misma de que si no le hubieras reñido, si no hubieras llevado aquella ropa interior vieja, si no hubiera trabajado tanto y le hubieras dedicado más tiempo, las cosas habrían salido bien.

Hay que detener ese tipo de pensamientos, porque implican culpa, y la culpa siempre esconde un pensamiento crítico. Es más, siempre genera un auto-castigo. ¿Acaso no te sientes ya lo bastante mal? Cuando te castigas a ti misma, sientes aún una culpa peor, así que te castigas aún más y te ves atrapada en una espiral descendente que puede llevar la crisis a dimensiones de tragedia.

Lo hiciste lo mejor que pudiste, como todos. Hasta cuando no lo hacemos lo mejor posible, lo hacemos lo mejor posible, no sé si me explico.

Apuntes sobre la culpa

- ◆ Poniéndonos un poco neo-hippies, tenemos que perdonarnos a nosotras mismas. Del pasado no puede cambiarse nada. Sólo podemos cambiar lo que sentimos en el presente. Tras el fin de mi segundo matrimonio, casi me volví loca pensando en si había tomado la decisión correcta, si lo había hecho bien, si mis razones eran las adecuadas… Y lo que aprendí al fin fue una de las razones más valiosas de mi vida: que en el amor y en la guerra, todo vale. No hay reglas. Y, tal vez, simplemente, yo cometí un error.

- ◆ Si tuviste una aventura extraconyugal, ten en cuenta que aunque el 83% de la población cree que las infidelidades son siempre o casi siempre negativas, nuestra sociedad es hoy en día más adúltera que nunca. Por razones obvias, a los investigadores les resulta difícil determinar la proporción exacta de personas que mantienen relaciones sexuales fuera de la pareja estable, pero en el libro *Sexual Arrangements (Arreglos sexuales)*, Janet Reibstein y Martin Richards, especialistas en el mundo de la pareja, estiman que entre la mitad y el 75% de los hombres casados y sólo una cifra ligeramente inferior de mujeres casadas han tenido alguna aventura extraconyugal.

◆ La culpa no permite la corrección, sólo deja espacio para el castigo. Mira con neutralidad tu situación, si puedes, y busca dónde ha estado el error para poder corregirlo, si es posible. Si no, prométete a ti misma que aprenderás de ese error y que no lo cometerás de nuevo.

◆ Pide disculpas a las personas por las que te sientas mal. Escríbeles una carta, déjales una nota en la que digas: «Lo siento». Inmediatamente después, te sentirás mejor y ellos, a lo mejor, también.

◆ No caigas en la trampa de la compensación. La culpa puede empujarnos hacia el pasado, para intentar complacer a las personas por las que nos sentimos culpables –nuestros hijos, nuestro ex–. Es un proceso en el que nosotras mismas nos perdemos.

Ante cada emoción, pregúntate: ¿Y si no esta mal sentirse así?

¡Vaya! Si estás pasando por todo este trance, no es raro que estés cansada. Con tanta tristeza, sorpresa, enfado, celos, hace falta tener mucha energía y es normal que te sientas más fatigada que de costumbre. Sé comprensiva contigo misma. Tal vez tengas que dormir un poco más.

Qué cabe esperar

Si tú has puesto fin a la relación

Habrá culpa, arrepentimiento, duda. Aunque te pases semanas enfadadísima, también puede haber momentos en los que la tristeza y la duda se apoderen de ti. Aunque sólo te duren diez minutos.

Si él terminó la relación

Estarás un tiempo en estado de shock, aunque ya te imaginabas que iba a acabar así. Luego, por más que te sorprenda, te enfadarás muchísimo, sentirás deseos de venganza, depresión…

Si estábais casados

El listón está muy alto después de esa brillante ceremonia en la que os habéis prometido un compromiso serio. Luego llega el fin de todos esos deseos y sueños. La sensación de seguridad, de que las cosas durarían. Por no mencionar el gran trastorno que supone el divorcio en sí mismo, el trato con los abogados.

Si hay hijos de por medio

Todo se vuelve mucho más complicado. La desesperación, el sentimiento de culpa, la rabia contra él por no haber luchado para arreglar las cosas, aunque sólo fuera por los niños. Además, está el hecho de que siempre tendréis que mantener algún tipo de contacto por el bien de los pequeños.

Si había dinero de por medio

Cosa que sucede con mucha frecuencia. Ivana Trump y Larry Fortensky no han sido los únicos en intentar que sus ex pagaran por el dolor causado. La economía y los desgarros del corazón tienden a ser una combinación letal que nace de un miedo intenso (a la pérdida, a la pobreza), de un deseo de ganar, de la sed de venganza.

Si hay amigos de por medio

Tanto si es uno el que se ha ido con otra o tú la que te has ido con otro o si los amigos de la pareja se han alineado con uno u otro, la sensación de traición puede ser enorme *(véase* el capítulo 6, página 81, para más información sobre los cambios en la amistad cuando se vuelve a la soltería).

Demasiadas emociones, pero el corazón y la mente no son dos cosas separadas, se conectan en nuestro cuerpo. De ahí que haya maneras de pensar que pueden empeorar lo que sentimos…

Escucharte a ti misma

Cuando Ben se fue, empecé a ser tremendamente cruel conmigo misma. No podía parar. Al final, fui a ver a una consejera. Ella me hizo ver que estaba siendo muy dura conmigo misma. Que me hacía daño, me juzgaba y me echaba la culpa a mí misma, y me dijo que así la recuperación puede llegar a ser mucho más larga. Ahora ya no lo hago tanto y, no sólo me ha ayudado a superar mi ruptura con él, también me ha ayudado a sentirme mucho mejor en general respecto de mí misma en todos los aspectos de la vida.

Rosa, *hablando de cómo el pensamiento erróneo le impedía recuperarse de su separación*

Es evidente que los sentimientos no surgen aislados. Van de la mano de los pensamientos. A menudo, los pensamientos crean sentimientos y viceversa.

Cuando nos estamos recuperando de una relación sentimental que no ha funcionado, hay tres tipos de canal de pensamiento que no resultan útiles.

Uno consiste en obsesionarse con él (ya sea pensando en lo bueno que era, ya sea pensando en lo malo que era). Otro pasa por asustarse una misma. Y el tercero es el del castigo.

Los pensamientos no surgen sin más. Nuestra mente no es como un circo continuo que se desarrolla en el interior de nuestra cabeza. Pero lo propio de la mente es pensar. Y, una vez somos conscientes de ello, podemos elegir nuestros pensamientos. Hay ideas que perpetúan las grietas; hay ideas que aceleran el proceso de recuperación. Lo más emocionante es que algo se puede hacer cada día, cada minuto, tomando las riendas de la situación y haciendo que nosotras mismas nos sintamos mejor, recuperándonos, reparando nuestro corazón roto.

Sin tener conciencia de cómo la mente intenta abordar el dolor que supone una ruptura sentimental, lo más frecuente es que aparezcan ideas que no son más que distracciones, muy efectivas, eso sí, pero distracciones.

Obsesión

El otro día me dí cuenta de que, cuando no tengo nada mejor en qué pensar, la mente se me va de nuevo hacia él. Y, además, sólo hacia las cosas buenas de nuestra relación. Los buenos tiempos, los días felices (no cuando yo estaba de mal humor) los encuentros sexuales más satisfactorios (no cuando él no tenía erección), las risas y el compañerismo (no los momentos en los que no me dirigía la palabra, no las veces en que me gritaba). Y nunca pienso en los momentos en que me sentía sola y cansada o enfadada y frustrada y me preguntaba si todo aquello tenía algún sentido. Cuando me doy cuenta de cómo funciona mi pensamiento, tengo que «cambiar de chip» deliberadamente.

María, 25 años, hablando de las obsesiones

Inmediatamente después del fin de mi segunda relación de pareja, me senté e hice una lista de todos los incidentes desagradables que había experimentado y constaté que sumaban exactamente lo mismo que los momentos buenos –un fin de semana horrible por cada agradable paseo por el campo; una ocasión en la que no me dirigía la palabra por cada vez que se mostraba encantador, divertido y dulce; una pelea horrible por cada vez que me regalaba flores (en realidad, ahora que lo pienso, las flores siempre llegaban después de las peleas)–.

Pero otra parte de mí podía llegar a ser como María, y me encontraba recordando sólo los buenos momentos, obsesionándome con las cosas bonitas cuando, de hecho, si me hubiera centrado en los hechos desagradables que ya no tenía que soportar más, podría haberme sentido de otro modo respecto de mi condición de soltera. Pero cuando me obsesionaba, me obsesionaba.

Tal vez tú te obsesiones con alguien que te gusta. O con tu ex. O con la comida. *Sea lo que sea, no importa. Lo importante es darse cuenta de que una se está obsesionando.*

Tal vez no te obsesiones en absoluto. En ese caso, enhorabuena. Al calor del trauma, la obsesión es un mecanismo de defensa muy frecuente. Nos protege de sentimientos muy dolorosos que tendríamos que abordar si no estuviéramos obsesionándonos con cosas externas a nosotras mismas.

Autocastigo

Hay en todos nosotros una vocecita que constantemente nos está riñendo. Los psicólogos y los psiquiatras han dado a esa voz varios nombres, entre ellos los de «voz crítica», «crítica interna», «la parlanchina», «el gusanillo de la conciencia», etcétera.

Le llamemos como le llamemos, lo cierto es que todos la tenemos. A veces suena como la voz de un padre o una madre, o la de un antiguo profesor. A veces suena como una parte de nosotros, creada por nosotros solos y que no se parece a nadie más.

Esta voz no nos permite salirnos con la nuestra en nada. Hagamos lo que hagamos, siempre hay algo que le parece criticable. Siembra la duda, incluso en cosas que creemos correctas. Cuestiona, critica, riñe. Nos dice cosas como éstas:

- Estás demasiado gorda.
- Eres un desastre con tus relaciones de pareja.
- Eres demasiado vieja.
- Eres demasiado dependiente.
- Eres una fracasada.

Emplea muchas expresiones con «deberías» o «tendrías que»:

- Deberías haber sido más cariñosa; si lo hubieras sido, él no se habría ido.
- Deberías haberte mostrado más sexy.
- Nunca deberías haber dicho que no al sexo.
- Deberías haberte enfadado más, en vez de guardarte las cosas para ti y acumular las tensiones.
- Deberías haber sido menos exigente.
- No deberías sentirte así; después de todo, has sido tú quien ha roto.
- Ya no tendrías que sentirte así, hace más de tres meses que se fue.
- Ya deberías haberlo superado.
- Deberías estar trabajando en vez de fantasear con ese chico.
- No tendrías que salir con nadie en estos momentos.
- Deberías ser más amable con tu ex.
- Tendrías que dejarle ver más a los niños.

Y etcétera, etcétera, etcétera, *ad infinitum.*

Es terrible la manera como nos reñimos a nosotras mismas.

Aquí estamos, en la mitad de una experiencia terriblemente dolorosa, y encima nos ponemos las cosas más difíciles. No nos damos tiempo siquiera de volver a incorporarnos tras la caída. ¿Es así como trataríamos a nuestra mejor amiga? ¿A un niño? ¿A alguien a quien queremos?

Miedo

La voz interior también puede ser muy melodramática, muy catastrofista.

- Esto es terrible.
- Nunca saldré adelante yo sola.
- Todo es culpa mía.
- Esto es lo peor que me ha sucedido en la vida y nunca lo superaré.
- Te vas a partir en pedazos.
- Me voy a volver loca.

Etcétera, etcétera, etcétera, *ad infinitum.*

La obsesión, al menos, nos distrae. Pero los otros dos juegos mentales no nos hacen ningún bien. Al autocastigarnos creamos sentimientos negativos en relación a nosotras mismas y una autoestima baja. Al asustarnos sólo incrementamos la preocupación y el pánico.

Pero no todo son malas noticias. Esta voz interior puede domesticarse. Podemos optar por no hacerle caso. Y, sin duda, se trata de una elección deliberada. Si tu crítico interior fuera una persona, seguramente le cerrarías la puerta en las narices. Normalmente, no escogerías pasar todos tus ratos libres con ella. Con la voz interior sucede lo mismo; echémosla de nuestra mente.

> ## Ejercicio de concienciación
>
> - ◆ A modo de simple ejercicio, empieza a fijarte en lo que estás pensando. Por el momento, no intentes cambiar tus pensamientos (aunque, evidentemente, si lo deseas, puedes hacerlo; después de todo, estás al mando de lo que pasa en tu mente).
> - ◆ Pregúntate de qué te están distrayendo esos pensamientos. ¿Qué hay debajo de ellos?
> - ◆ Cuando te descubras autocastigándote, limítate a fijarte en lo que te dices y piensa en cómo podrías hablarte a ti misma si fueras tu mejor amiga, o si de verdad te preocuparas por ti misma.
> - ◆ ¿Son esas ideas verdaderas?
> - ◆ Piensa de forma positiva. Si te ayuda en algo, repite: «Ahora decido pensar sólo cosas buenas sobre mí misma».
> - ◆ Al final, te sentirás tan harta de criticarte tanto que pararás.
> - ◆ Si no tienes más remedio que ceder a las ideas que te dicen lo maravilloso que era tu ex, haz un hueco en tu mente para recordar también las cosas de él que no lo eran tanto.

Pensamientos tóxicos: nuestras ideas intensifican las emociones

Ideas que generan miedo

- ◆ ¿Cómo lo superaré?
- ◆ Ya nunca podré tener hijos.
- ◆ ¿Y si ya nunca encuentro pareja? (De hecho, cualquier idea que empiece con «¿y si…?», es sospechosa).
- ◆ Ya soy muy vieja para empezar de nuevo.

Ideas que intensifican la pena

- ◆ Era tan encantador.
- ◆ Fui una estúpida. Nunca encontraré a nadie como él.

Ideas que contribuyen a la depresión

- Soy un desastre con las relaciones.
- Soy un desastre conmigo misma.
- No sé cómo escoger los hombres.
- No puedo más.

Ideas que crean resentimiento o amargura

- Ese cabrón. Seguro que ahora está…
- Le he dado los mejores años de mi vida.
- Todo es por culpa suya.
- Nunca debí enamorarme de él. Debería haberme dado cuenta desde el principio de que era un cabrón.

Ideas que crean celos

- Esa zorra ha conseguido lo que yo quería.
- Seguro que se lo pasa en grande y que nunca piensa en mí.

Ideas que crean culpa

- No deberías haber hecho…
- Eres una mala persona.
- Nunca lo superarás. Has arruinado la vida de esas personas.
- ¿Hice lo que debía? ¿Lo hice como debía?

Ejercicio

- Recurriendo a tu diario de sentimientos, escribe todos los pensamientos tóxicos que tengas a lo largo del día, esas ideas que vienen de repente y siguen viniendo a nuestra mente una y otra vez. No los censures, limítate a anotarlos.
- Luego, léelos. Al verlos allí, puestos sobre el papel, cuestiónalos. ¿No te suenan muy duros? ¿No te suenan, simplemente, ridículos?

- ¿Era en verdad tan maravilloso? ¿Era en realidad un cabrón? ¿Acaso importa que en este momento esté aquí o allá, haciendo esto o aquello? ¿No es más importante que tú consigas algo de paz mental?
- Olvídate de los pensamientos que te resulten claramente ridículos. Quédate sólo con los que pueden contener algo de verdad. Seguramente serán pocos. Escribe en tu diario alternativas más saludables. Opta por deshacerte de los que no te sirvan de ayuda.

Pensamientos que propician la paz mental

- Lo estoy haciendo bien
- He hecho bien, lo estoy haciendo muy bien.
- Haga lo que haga él, yo estaré bien.
- No me importa lo que esté haciendo él, yo me concentro en mí misma, yo soy quien importa.
- Lo voy superando bastante bien.
- Teniendo en cuenta que he pasado por una experiencia atroz, las cosas me están saliendo muy bien.
- Nada me importa más que mi propia serenidad y mi paz mental.
- He optado por tener sólo pensamientos que me apoyen y me ayuden.
- He decidido que a partir de ahora seré muy amable conmigo misma.
- Sí, fue una historia de amor muy bonita, pero ahora ha terminado y voy a salir adelante.
- Mi vida está llena de cosas maravillosas, aunque no tenga a un hombre a mi lado.
- Los niños estarán bien, pase lo que pase.
- Soy una persona que puede ser amada y que sabe amar.

◆ Merezco que me quieran.

◆ Ahora mismo estoy aprendiendo de todo lo que me sucede.

(Más adelante, veremos que el poder del pensamiento puede crear futuro. Por el momento nos limitamos a una práctica para dejar de reñirnos constantemente.)

9 recomendaciones
para afrontar esos días malos

1. Escríbelo todo en el diario.
2. Llama a un amigo y admite que te sientes mal. Pídele que te escuche.
3. Siéntate en una silla y siéntete muy mal durante diez minutos.
4. Dite a ti misma: «¿Y si no pasa nada por sentirme así? ¿Y si está bien?».
5. Escríbele una carta que nunca enviarás.
6. Si te sientes muy mal, tómate el día libre y quédate en la cama todo el día, sin hacer nada.
7. Alquila un vídeo «para llorar» y suelta toda tu tristeza.
8. Planea unas vacaciones o un fin de semana fuera; algo especial que te incite a esperar el futuro con impaciencia.
9. Escribe o expresa algunas afirmaciones de la lista anterior de pensamientos que propician la paz mental.

Puede ser de ayuda saber que hay ciertas fases por las que pasa todo el mundo cuando se trata de pena, tristeza o luto, y que abordaremos en el siguiente capítulo.

Nutrirte tú misma

Los primeros seis meses tras la ruptura con mi marido (fui yo quien le dejé) llevé una vida bastante loca. Me acostaba con hombres a los que apenas conocía, fumaba demasiado y no comía bien. Pero una cita a ciegas me hizo aprender una lección importante. Estábamos hablando de cocinar, y yo le dije que durante los últimos años de mi matrimonio no cocinaba mucho con mi esposo, y que ahora no cocinaba mucho para mí, y me parece que aquello era revelador, porque cocinar es algo relacionado con la nutrición.

Entonces él me dijo que uno puede nutrirse a uno mismo. Y en aquel momento supe que me iba a poner a llorar. Lo entendí, porque me sentía tan culpable por lo que había hecho, hacía cosas que me hacían sentir peor. Si salía con alguien y sólo era por el sexo, no había problema, pero si alguien me acariciaba y era amable conmigo, enseguida empezaba a llorar y no podía parar.

Después de aquella cita a ciegas, empecé gradualmente a tratarme mejor a mí misma. Me daba cuenta hasta en los detalles más pequeños, como por ejemplo poner las galletas en un plato en vez de colocarlas directamente sobre la mesa.

Y también empecé a cambiar las cosas grandes, porque antes creía que me tenía que acostar con todos los hombres que se me pusieran delante. Me dí cuenta de que estaba actuando casi como esas personas que se hacen cortes en su propio cuerpo. Tenía una actitud muy autodestructiva. Fue una época terrible.

Y tardé mucho tiempo en dejar de sentirme culpable y pensar: «Sí, hay gente que puede ser amable conmigo y no pasa nada, no soy una persona tan monstruosa».

***Lynsey,** 32 años, hablando de la dejadez*
para consigo misma

Sea por sentimiento de culpa, sea por malos hábitos, la dejadez es una respuesta muy frecuente ante la desesperación.

Las mujeres parecemos especialmente propensas a manifestarla, por dos razones:

◆ A menudo somos mejores cuidando a los demás que a nosotras mismas. Ello no es sorprendente, porque así nos han educado. Estamos condicionadas para ser cuidadoras.
◆ Las mujeres, más que los hombres, se culpan a sí mismas cuando algo sale mal. Como Lynsey, la mujer de la declaración anterior. Incluso aunque su corazón le decía que rompiera su matrimonio, su propia mente no le dejaba tranquila. Por eso se castigaba a sí misma de diversas maneras.

Así, una parte fundamental en la construcción de una relación con una misma en tanto que soltera pasa por nutrirse una misma –no es sólo preocuparse por poner las galletas en el plato, sino cocinarse cosas buenas, darse caprichos, etcétera–. Tratarnos tan bien como trataríamos a una pareja o un mejor amigo que acabara de pasar por una experiencia traumática.

Según una investigación llevada a cabo por la organización de relaciones personales *One Plus One*, los divorciados tienden a tener menos salud mental y física y tienen cuatro veces más probabilidades de suicidarse que los casados. Y no hace falta haber estado casado para echar de menos un contacto y una intimidad que afectan tanto al sistema inmunológico como al corazón.

Pregúntate con calma: «¿Qué es lo que necesito? ¿Qué me haría sentir bien?» Tal vez sea salir y comprarte algo, o ir al teatro. Regálate cosas que te gustaría que tu pareja te regalara. Envíate flores en el día de san Valentín o en tu cumpleaños.

A veces se trata de llamar a un amigo cada día para que nos apoye. O de matricularse en una clase nocturna, o de aprender a conducir. A veces se trata de recibir un masaje semanal, o de poner flores en el dormitorio. Cualquier cosa que para nosotras signifique un lujo debes regalártela, porque te la mereces. Cómprate un gatito. O unas trufas belgas en vez de una tableta de chocolate barato. Cena sola a la luz de las velas.

Haz cualquier cosa que para ti signifique cuidar de ti misma. Puede que en tu caso sea limpiar la casa, puede que sea justo lo contrario, estar un tiempo sin ordenarla.

Para mí, era comprarme velas aromáticas. Siempre se las regalaba a los demás, me había convertido en experta en los mejores olores, pero en mi casa no había ninguna. Encender velas era algo que sólo hacía cuando había un hombre en casa, nunca cuando estaba sola. Entonces, cuando me dí cuenta de lo que estaba haciendo, un día salí y me compré la vela más grande y aromática que encontré en la tienda. Ahora, cada vez que la enciendo, es como si me mimara un poco. Cada vez que las enciendo me estoy cuidando a mí misma.

Ser buenas con nosotras mismas nos refuerza. Nos recuerda que somos importantes, y, cuanto más lo somos, más nos lo creemos.

10 caprichos cuando te repones de una ruptura

1. Darse un baño de espuma.
2. Ir a una cafetería especial y tomarse un buen capuccino con crema y copos de chocolate.
3. Concertar una sesión de estética facial.
4. O un masaje.
5. Comprarse un par de calcetines mullidos, de dedos.
6. Encender unas velas aromáticas –sólo para nosotras.
7. Comprar champagne, salmón ahumado, foie gras.
8. Reservar unas vacaciones o un fin de semana en una agencia de viajes.
9. ¿Por qué no?: comprarse ropa nueva (¡un capricho genial es comprarse ropa interior nueva cuando nadie más que nosotras va a verla!).
10. Comprar un muñeco de peluche o de trapo y abrazarlo.

Las siete fases de una soltería positiva

Aquí están. La variedad de escenarios en que es muy probable que te encuentres en tu camino de regreso a la felicidad, antes de llegar a un destino en el que puedas decir finalmente que estás «feliz de estar sola».

Ten en cuenta que esto no es una reproducción exacta. Aquí no hay reglas que seguir al pie de la letra. Es simplemente una guía, no un mapa.

Estas fases, aunque son muy típicas, no duran lo mismo para todas las personas y no siempre siguen el mismo orden. Además, no todo el mundo pasa por las siete. Si tu última relación sentimental no ha sido muy larga ni muy importante, es posible que no caigas en una profunda tristeza, por ejemplo. Y si, por naturaleza, eres una persona muy sensible, puede ser que pases de largo la fase dos y no hagas ninguna tontería.

Además, a veces también se avanza y se retrocede, pasando más de una vez por una misma fase. Por ejemplo, podemos estar en la tercera y, de pronto, volver a la dos para hacer alguna locura. Durante los períodos premenstruales, ¡es posible pasar por las siete en un mismo día!

Sea como sea, es útil saber que cualquiera de ellas es parte de un proceso natural que concluye en la felicidad recobrada.

Una última cosa a tener en cuenta: tu temperatura emocional seguirá cambiando día a día, lo que pasa es que estos elementos que exponemos a continuación son más probables.

Fase 1: ¿Por qué a mí?

Características principales

Shock, incredulidad, tal vez incluso negación, desesperación o aturdimiento.

Duración

Ente unas horas y unas semanas.

Al principio, parece que no podemos acabar de creérnoslo. Nos sentimos aturdidas. Caminamos como en estado de trance. No podemos pensar en nada más, pero tampoco somos capaces de pensar con claridad. Es posible que lloremos mucho, que estallemos en un llanto inspirado por el pánico cada vez que la cruda realidad nos golpea con su evidencia.

Esta fase siempre se ve un poco suavizada si somos nosotras las que hemos tomado la decisión de romper o si era algo que se veía venir desde hacía tiempo, porque en esos casos lo más probable es que ya estuviéramos preparándonos mentalmente. Pero incluso así, incluso si hemos sido nosotras las que hemos pronunciado la frase «Se acabó», es muy posible pasar por una breve reacción de asombro o de pánico.

Pero si el que ha roto ha sido él y nosotras somos las sorprendidas «víctimas», esta fase puede ser profunda, y durar varias semanas. Nuestra mente se ve desbordada con preguntas –sobre el futuro, sobre el pasado–. Pero las respuestas, por desgracia, brillan por su ausencia.

Una experiencia típica

Inmediatamente después de que el novio de Selina le dijera que tenía una aventura y se fuera, ella sintió que tenía que salir a dar un paseo.

> *Estaba tan aturdida que nunca he llegado a saber a dónde fui. Sé que me senté en el banco de algún parque mientras un millón de preguntas surgían en mi mente: ¿Dónde? ¿Cuándo? ¿Cómo? ¿Por qué? Las piezas del rompecabezas empiezan a encajar.*

Qué hace falta

Hablar, hablar y hablar. Contamos con que los amigos están a nuestro lado, así que hay que aprovecharse de la situación para insistir una y otra vez en el más pequeño de los detalles hasta que nuestra mente, desorientada, empiece a asumir lo que ha sucedido.

Qué evitar

La negación. Hay muchas personas que esconden la cabeza debajo del ala —esto no puede estar pasando en realidad, así que lo ignoro–.

La negación es algo negativo, porque nos hace aferrarnos a una relación que ha muerto, aleja a los amigos y generalmente prolonga la agonía.

Fase 2: La locura

Características principales

Beber demasiado, arrebatos repentinos de promiscuidad, decisiones impulsivas, sensación de ir montadas en una montaña rusa emocional, impredecible y salvaje.

Duración

Puede ser un día, un fin de semana perdido, algunas semanas o varios meses.

En el inicio de esta fase aparece una sensación de libertad propiciada por las descargas de adrenalina y nos volvemos un poco locas. Esta locura se manifiesta de varias maneras, según la personalidad de cada una. A veces consiste en acostarse con todos los hombres con los que nos cruzamos, a veces es decidir pintar las paredes del dormitorio de un negro metalizado porque sí.

Una semana después de que mi marido se fuera de casa, me entraron unos deseos irrefrenables de irme a vivir a Brighton, ciudad que no conozco y en la que no tengo amigos. En aquel momento, hubiera sido una locura absoluta abandonar mi grupo de apoyo justo cuando más lo necesitaba y marcharme a cualquier otra parte, pero a medida que caminaba por sus calles viendo carteles de ventas de casas, la idea me parecía perfectamente plausible. Mi razonamiento ilógico tenía su lógica, que era ésta: la mayor parte de mi vida ha cambiado, así que por qué no cambiarlo ya todo de una vez. Gracias a Dios la mayor parte de las casas de Brighton tienen pequeños jardines, porque si no mis niveles de estrés se habrían disparado y me habría trasladado a un sitio, arrepintiéndome más tarde.

Una experiencia típica

Ella, de 26 años, habla de la ruptura de una relación de pareja que había durado seis años:

Al principio me volví completamente loca, hacía todas las cosas que a mi novio no le habrían gustado. Me hice amiga de personas que parecían tener una vida muy emocionante. Una de ellas era muy hedonista y fue básica a la hora de introducirme en los ambientes nocturnos. Nos emborrachábamos y no nos importaba lo que pensara la

*gente, íbamos a fiestas increíbles. Era agotador, pero duran-
te un tiempo fue divertido. Me sentía absolutamente feliz,
liberada.*

Qué hace falta

Este descontrol es en realidad una respuesta a un dolor profundo y a la desesperación. Somos como Berlín justo antes de la
Segunda Guerra Mundial. Sabemos que está a punto de pasar
algo horrible, así que decidimos pasárnoslo bien a lo loco mientras podamos. Si deseamos sentirnos más equilibradas, siempre
podemos hacer más sitio al dolor y a la desesperación, prestarles
un poco más de atención. Algo del vapor de la «olla a presión»
saldrá por el pitorro.

Qué evitar

Hacer cosas demasiado locas. No está mal pasárselo bien, al
contrario, pero no hay que hacer nada que pueda repercutir
negativamente en nuestra vida ni complicarla más. Así, no com-
premos esa casa; no nos acostemos con ese hombre imposible
sin usar preservativo.

Fase 3: Búsqueda

Características principales

Intentar recrear la relación perdida, ya sea con él o con otra
persona.

Duración

¡Puede ser de días o de años!

Es muy frecuente que, una vez el desconcierto inicial ha
pasado y la fase de las locuras ha perdido el encanto de la novedad, se instale un lamento por lo que se tenía y se ha perdido.

Aunque lo que tuviéramos fuera menos que aceptable. Puede que, tras la ruptura, hayamos tenido experiencias negativas con otros hombres, tal vez nos hayamos sentido solas, es posible que nuestro ex haya encontrado una nueva pareja y eso nos haya sentado fatal, o que los niños estén sufriendo, lo que sea. En esos momentos es cuando más vulnerables somos a una vocecita interior que nos dice: «¡Quiero estar otra vez con un hombre!». La reina americana de los libros de auto-ayuda, Harriet Lerner, llama a este fenómeno «reacción conservadora». Nuestra vida ha cambiado espectacularmente y, después de un tiempo, se instala en nosotras un pequeño impulso que reclama volver a la situación anterior. Antes estábamos bien. ¡El mundo exterior es amenazador! Aunque hayamos sido nosotras las que rompimos la relación, de pronto podemos descubrirnos lamentando esa decisión y añorando con nostalgia las apacibles noches con él y un trozo de pizza.

Así, o bien nos humillamos ante nuestra ex pareja, o bien caemos como aves rapaces sobre otra persona e intentamos reproducir con ella lo que teníamos en nuestra relación anterior.

Una experiencia típica

Louise, de 30 años, ya había dejado de querer a su esposo cuando éste confesó que tenía una aventura con una compañera de trabajo y se fue de casa. Pero aun así –afirma– cinco meses después, intentó recuperarlo por todos los medios.

Los niños echaban de menos a su padre. Le veían los fines de semana, pero los demás días le añoraban y, aunque fue él quien se se fue, yo me sentía muy culpable. Además, había asistido a algunas fiestas de solteros en el bar del barrio y me habían parecido tan deprimentes que pensé que tal vez mi ex no fuera un cerdo integral después de todo. Así, una noche en que sabía que su compañera no estaba en casa, me maquille y me puse unas medias y me acerqué hasta su casa con la intención de seducirle. Cuál no fue mi sorpresa cuando me vi a mí misma poniéndome a llorar y suplicándole que volviera. Él fue muy amable y muy dulce y me dijo que fuera sensata y me acompañó a casa. Me pasé dos semanas casi sin atreverme a mirarle a la cara, pero tenía que intentarlo, tenía que probarlo por última vez para saber que de verdad lo nuestro había terminado.

Qué hace falta

Para ser totalmente sincera, lo cierto es que casi nadie disfruta lo más mínimo en esta fase. Hay que preguntarse qué es lo que estamos intentando evitar. Hay que contarle a los amigos qué nos está pasando y que sean ellos los que nos quiten la idea de la cabeza. Es una época en la que merece la pena no actuar de acuerdo a nuestras primeras emociones e impulsos. Es mejor llamar a los amigos y hablar con ellos y, si el impulso no desaparece tras algunos días, entonces ya sabremos que es genuino y que podemos actuar en consecuencia.

Qué evitar

1) Humillarnos a nosotras mismas. 2) Hacer cosas de las que más tarde podríamos arrepentirnos. 3) ¡cualquier cosa nacida principalmente del consumo de alcohol!

(En el capítulo 7 se profundiza sobre las relaciones nacidas del despecho).

Fase 4: Encontrarnos a nosotras mismas

Características principales

Nuevo corte de pelo, ropa nueva, ponerse a llorar de pronto, calmarse tras un arrebato de locura.

Duración

Indefinida. Puede aparecer y desaparecer intermitentemente. La incredulidad ya ha pasado, la fase loca ha perdido el encanto de la novedad y los esfuerzos por recuperar la relación anterior son inútiles. Al final, sabemos que tenemos que ser nosotras mismas las que consigamos que nuestra vida funcione. Tenemos dos tareas: respetar el luto por la relación perdida y crear una nueva vida para nosotras. Nos vemos sitiadas por la pérdida –no sólo de él, también de la casa, de la familia, los amigos (los suyos) de esa sensación acogedora de ser la mitad de una pareja–. Ahora somos una unidad sola pero, ¿quién somos?

Una experiencia típica

Elaine, de 26 años, había tenido una relación apasionada y estable con un disc-jockey. Tras la ruptura, un día, decidió irse a una tienda de música a comprarse un compact disc. Era como un regalo que se quería hacer a sí misma. A los dos minutos de estar repasando las estanterías, rompió a llorar.

> *No sabía qué disco comprar. No sabía qué tipo de música me gustaba. El dependiente, un chico muy amable y tierno, me preguntó si estaba bien y yo le dije que no sabía qué música me gustaba. Me pareció que aquello era un símbolo terriblemente revelador de que durante todo aquel tiempo había perdido contacto con mi propio yo.*

Qué hace falta

Sentir todo lo que sintamos y nutrirnos nosotras mismas (*Véase* página 55 y siguientes).

Qué evitar

En esta fase es frecuente que afloren los sentimientos dolorosos y conviene no esquivarlos. Emplear todas las recomendaciones del capítulo anterior sobre la manera de afrontar los sentimientos.

Fase 5: ¡Fuera hombres!

Características principales

Enfado, enfado y más enfado.

Duración

Generalmente no dura más que unas pocas semanas (no hay que desesperar, no seremos siempre así de amargadas).

Una mañana nos despertamos y pensamos: «Por mí, todos los hombres se pueden ir al diablo. Nunca más volveré a enamorarme. Tendré doce gatos y acabaré siendo esa vieja excéntrica que lleva un sombrero lila y que lleva gatitos en el bolso». O algo así. Bienvenidas al enfado, un paso básico del proceso de curación.

Es evidente que puede que lo concentremos todo en nuestro ex. Puede que sea a él a quien queramos llevar en el bolso, pero de ser posible, cortado en trocitos. Ningún problema, siempre que no pasemos a la acción. Los psicólogos y los expertos en relaciones sostienen que la ira es una etapa saludable y necesaria de la recuperación ante la tristeza de la pérdida. Cuando alguien muere, sus seres queridos suelen pasar por un período de enfado contra el muerto por haberles abandonado. Con cuánta más razón no lo haremos si la persona implicada se ha ido por voluntad propia.

Una experiencia típica

En el día Año Nuevo, el compañero de Marion le anunció que se iba a vivir con otra mujer y en diez minutos ya estaba fuera de casa. Durante semanas, Marion les decía a sus amigos: «No le deseo ningún mal ni le guardo rencor». Pero un día recibió una carta de sus abogados en la que le reclamaban la mitad de su apartamento, y entonces fue cuando estalló:

> *Empecé a desearle todo el mal del mundo. El hecho de que pudiera ser tan mala persona me desencadenó una ira absoluta. Pero me fue bien, porque me sirvió para romper todas las ilusiones que tenía depositadas en él.*

Qué hace falta

La ira debe expresarse, de la misma manera que el llanto precisa de las lágrimas. Debemos permitirnos el enfado. Vayamos a dar un paseo solitario por un bosque. Demos unas cuantas patadas a los árboles. Llamemos a nuestro ex y cantémosle las cuarenta. Permitámonos unas cuantas fantasías de venganza. Los psicólogos aseguran que las fantasías de enfado desempeñan un papel muy útil para la psique. Lo importante es no llevarlas a la práctica –nadie quiere pasar «entre rejas» el resto de las otras fases.

Qué evitar

La violencia, ir demasiado lejos o hacer cualquier cosa de la que podríamos arrepentirnos. Tampoco hay que dirigir nunca la ira contra sí misma. Eso conduce a una depresión paralizante y a un nivel de autoestima muy bajo, además de hacer que nos perdamos en un mar inútil de reproches sobre lo que «deberíamos haber hecho».

Fase 6: Tristeza

Características principales

Lamentaciones, culpa, desesperación, profundo dolor, sensación de herida.

Duración

Generalmente, algunas semanas como máximo, aunque las horas se hacen interminables.

Nos duele el corazón. Nos duele literalmente. Nuestra vida, de pronto, parece no tener sentido. Vamos con las corrientes que nos llevan. Los demás nos parecen tremendamente superficiales y viven sus vidas con despreocupación, mientras nosotras nos movemos a su alrededor llevando una cruz de desesperación. Esta fase suele aparecer unos seis meses después de la ruptura cuando otros factores, como el desconcierto inicial y la fase de locuras ya han pasado y sólo un profundo dolor permanece. En su expresión más leve, se trata de tristeza y lamentación. Hay personas afortunadas que no pasan por esta fase que, de todos modos, es más probable cuando la relación que muere ha sido estable y profunda. Lo que pasa es que estamos de luto por la pérdida.

Otro factor que hace que la tristeza sea más probable es haber tenido otras pérdidas en la vida. O acabar de tener una relación por despecho con un impresentable y darse cuenta de que esta vez tampoco ha funcionado. Son cosas que pueden hacernos caer en la desesperación. Es un momento muy duro, porque nuestros amigos creen que a estas alturas ya deberíamos tenerlo superado.

Nuestra mente parece querer volvernos locas con reproches y lamentaciones. Que si a lo mejor no era tan malo, que si a lo peor no volvemos a encontrar otra pareja… Son cosas que envenenan nuestra autoestima, que en su estado necesita más bien un reconstituyente, y no estricnina.

Una experiencia típica

Ros cuenta:

> *Me despertaba y no quería levantarme de la cama. Me quedaba acostada hasta que podía, apurando hasta el últi-*

mo minuto, y luego me iba al trabajo sintiendo como un agujero enorme en el pecho que todo el mundo podía ver. El trabajo me parecía algo sin sentido. No llegaba a completar ni una décima parte de mis tareas habituales. Al terminar mi jornada volvía a casa y, sólo poner los pies en el vestíbulo, empezaba a llorar otra vez. Lloraba con desesperación, tendida en posición fetal. Aquello me duró semanas.

Qué hace falta

Recordar que para que la recuperación sea verdadera hay que llegar a tocar fondo; que pasada la hora más oscura llega el alba, etcétera… Necesitamos contar con el apoyo de la gente; hacer saber a los amigos por lo que estamos pasando; aislarnos en nuestra agonía sólo consigue empeorar las cosas.

Qué evitar

Escapar de esta fase mediante distracciones como puede ser implicarse en otra relación, consumir drogas, tener relaciones sexuales, porque no funciona. La tristeza siempre nos atrapa.

Fase 7: Sola y feliz

Características principales

Nos sentimos fuertes, preparadas, solas. A medida que la sensación de ser atractivas y las ganas de vivir retornan a nosotras, nos vemos capaces de volver a comernos el mundo.

Duración

¡Tanto tiempo como queramos!

La consecución final de esta etapa puede venir precedida por un periodo transitorio de resignación en el cual el dolor ya pasó pero la alegría de vivir aún no ha hecho su aparición. Pero entonces, un día, nos despertamos y nuestro primer pensamiento no es triste, sino alegre.

A veces, la mejoría llega despacio, sin que nos demos cuenta, y un día nos percatamos de que ya llevamos una semana entera sin pensar en nuestro ex, y semanas enteras sin llorar.

Incluso en el caso de que nos enamoráramos de otro a las dos semanas de romper con nuestro ex, es muy posible que pasáramos igualmente por estas fases y llegáramos a una sensación de satisfacción con nosotras mismas y con nuestra pareja, un momento en el que nos descubriéramos de pronto menos tensas, más dispuestas.

Una experiencia típica

Sue descubrió durante unas vacaciones que, al menos, se sentía mejor:

> *Me fui de vacaciones con una amiga. La verdad es que no me hacía mucha ilusión, porque me encontraba muy deprimida. Pero nunca me había reído tanto en la vida y, pasados los quince días, descubrí que ya casi no pensaba en Steve. Mi amiga Sarah me comentó que tenía mucho mejor aspecto, y era verdad. Cuando volví a casa, era realmente una mujer nueva.*

Qué hace falta

Deleitarse con el alivio y disfrutar.

Qué evitar

Implicarse en otra relación difícil o agotadora. Está muy bien iniciar una relación divertida y sexualmente satisfactoria, pero en este momento no hay ninguna necesidad de complicarse la vida con parejas complicadas.

¿Y si me quedo bloqueada?

Si te quedas bloqueada en alguna de las fases y ya han pasado tres meses, es conveniente que busques ayuda externa. Acude a ver a un médico, a un psicólogo. Haz algo. No es imprescindible pasar por todo tú sola.

Ejercicio

Escribe en tu diario o cuéntale a una amiga las fases por las que ya has pasado hasta el momento y en qué punto te encuentras. Estés donde estés, felicítate por ello.

Sexo con el ex...
y otros «ex» asuntos

Cuando volvemos a la soltería creo que debemos dejar de ver a nuestro ex. Es más fácil. Si no, lo que hacemos es engañarnos a nosotras mismas y seguramente a ellos también. La gente dice, intentemos mantener una relación, intentemos ser amigos, pero si de verdad queremos seguir adelante en nuestra vida, una vez aclarados todos los puntos, lo mejor es no tener contacto con él, al menos durante un tiempo.

***Jacqui**, a partir de su propia experiencia*

Verse o no verse, ésa es la cuestión. Es mejor verle y lamentarse por los buenos días que se fueron o es mejor que el corte sea limpio y radical.

Todas las mujeres a las que he preguntado sobre el tema creen que lo mejor es romper del todo, al menos durante un tiempo.

Cuando pienso en mi propia experiencia con mis ex (así, en plural), veo que ha habido algunos a los que no soportaba ver tras la ruptura, mientras que dos de ellos se acabaron convirtiendo en grandes amigos. Incluso en el caso del que se ha convertido en uno de mis amigos más íntimos, no nos vimos durante las primeras seis semanas posteriores a la ruptura. Necesitaba un poco de aire. Muchas de las mujeres con las que he hablado para la preparación de este libro afirman que han conseguido ser amigas de algunos de sus ex, pero no de todos. Al menos en un caso, todas aseguran que no deseaban volver a ver a un ex ni en pintura.

Pero, igual que sucede con cualquier cosa que tenga que ver con el corazón humano, todos somos diferentes. Puede que en tu caso debas dejar la relación gradualmente, para lo cual tendrás que verle o no verle, según el caso.

Lo que hay que evitar a toda costa es, sin embargo, la «dependencia» cuando ya no hay relación. Los síntomas de la dependencia son, entre otros:

- Pensar obsesivamente en él, constantemente.
- Mantener relaciones sexuales con él.
- Hablar con él en las fiestas a las que son invitados.
- Llamarle siempre para pedirle consejos («Él sabe más que nadie de mi situación económica, y me fío de él»).
- Que te llame siempre para pedirte consejo a ti. Es el síndrome del «nadie me entiende como tú».
- Mantener algún vínculo económico –que siga pagando la factura del teléfono o que nos deba dinero–.
- Dejar algún asunto sin concluir, aunque en realidad sería muy fácil zanjarlo –por ejemplo, que tenga discos suyos en tu casa, o que tu ropa de verano esté en su apartamento–.
- Desear explicarle todos los detalles de tu nueva vida amorosa (¿Es que queremos que se ponga celoso?).
- Pensar en él cuando mantenemos relaciones sexuales con otro compañero.
- Que siga siendo el único hombre en nuestra vida –que no tengamos otros amigos de sexo masculino con quienes hablar–.

Es evidente que, si hay hijos de por medio, las cosas se complican mucho más. Existe un área muy importante en la que siempre deberá haber un vínculo; y en ese caso no se puede dejar de ver al otro, porque el bien de los niños lo exige. Pero aún así, es posible desvincularse emocionalmente hasta del padre de nuestros hijos.

Y si aún mantienes relaciones sexuales con tu ex, créeme, eso es que aún no lo tienes superado. El sexo genera sentimientos de unión –hay una teoría que afirma que si una mujer tiene un orgasmo con un hombre, se libera una hormona de unión con él en su organismo–. Otra idea esotérica afirma que los hombres transmiten su energía a las mujeres cuando hacen el amor, y que esa energía permanece. Sea como sea, el sexo también crea y mantiene un vínculo emocional. Así que la mujer que mantiene relaciones sexuales con su ex está propiciando un mayor sufrimiento y, como mínimo, una prolongación de la agonía. No entremos de nuevo en ese charco embarrado. Salgamos de él y sequemos las botas de agua. Sinceramente, nos sentiremos mejor.

Tuve una relación desastrosa con un hombre guapísimo. Y aunque parecía que no había manera de que nos lleváramos bien, nuestras relaciones sexuales iban de maravilla. Tal vez fuera precisamente por eso, porque no nos llevábamos bien, pero lo cierto es que el sexo era genial. Bueno, el caso es que después de separarnos, quedábamos e intentábamos ser amigos, pero siempre acabábamos en la cama. No podía evitarlo, mi cuerpo se volvía loco cuando lo tenía delante. Pero cada vez, saciada la lujuria, pensaba, «Oh, no». Y sentía que ya me había vuelto a liar con él. Empezaba a llamarme por teléfono de nuevo y volvíamos a pelearnos por cualquier cosa. Al final, un día, le llamé y le dije que nunca más me acostaría con él. Se puso furioso, pero el alivio que sentí fue tan grande que valió la pena. Sólo a partir de aquel momento empecé a superarlo.

Rosa

Está claro que un ex puede convertirse en un gran amigo, pero por respeto a nosotras mismas tenemos que estar muy seguras de que eso es lo que es, y no una muleta en la que nos apoyamos para evitar asumir las riendas de nuestra vida.

Superar el vínculo

Si sentimos que aún estamos «colgadas» de nuestro ex, se pueden hacer varias cosas para superarlo:

Hablar

Lo primero es la comunicación. Díselo, coméntale: «Verte tan a menudo no me hace ningún bien».

O...

«Tener relaciones sexuales contigo no me va bien. Me impide salir adelante y, aunque te aprecio y me gustas, no voy a hacerlo más. Por favor, ayúdame y déjame sola».

O...

«Creo que nos vemos demasiado. Me parece que sería mejor para mí que nos viéramos como máximo una vez al mes».

Éstos son sólo algunos ejemplos. Lo más importante a tener en cuenta es que nosotras no somos responsables de su vida ni de sus sentimientos. Tenemos derecho a enfocar nuestra vida como queramos. Aunque pongamos punto final y a él le duela, no tenemos ninguna obligación para con él.

Ritual de invocación

En algún lugar impreciso, enterrado bajo el lodo del Támesis, más o menos debajo del Puente de Blackfriar, debe de estar mi anillo de casada. Era también el anillo de casada de mi abuela –me lo hice arreglar para que me cupiera cuando me casé con mi primer marido. Tirarlo por el puente fue una experiencia tremendamente liberadora–.

Lo arrojé al río en una noche de luna nueva poco antes de mi segundo matrimonio. Fue mi manera de decir adiós a lo viejo antes de abrazar lo nuevo.

En realidad ya había hecho varias cosas para desvincularme de mi primer marido –tomar la decisión de no mantener ningún contacto con él, retirar todas sus fotos de casa, ofrecer una «fiesta de divorcio» e invitar a mis amigas– pero me seguía acompañando la sensación de que aún necesitaba algo más. Una conclusión más consciente.

Estos gestos no son tan tontos como puedan parecer. Existen muchos rituales relacionados con el matrimonio en nuestra sociedad, pero no hay ninguno referente al divorcio. Las parejas nunca tienen la ocasión de mirarse a los ojos y decir «No, no quiero», de la misma manera en que se susurran «Sí, quiero». Sin embargo, igual que los funerales se convierten en un catalizador catártico para expresar la tristeza tras una muerte, es útil poder recurrir a un pequeño ritual de liberación que marque la ruptura de la pareja.

En Estados Unidos hay un lugar en el que los que se divorcian pueden quitarse los anillos y destrozarlos a martillazos en una forja, hasta crear un objeto distinto. Es una catarsis, una experiencia transformadora, dicen.

Si no nos hemos casado legalmente, entonces no habrá nada que marque el fin de lo que puede haber sido un capítulo muy significativo de nuestras vidas. Puede que hayamos vivido juntos siete años pero, cuando nos separamos, nuestra abuela tal vez comente: «Bueno, es que no estabais casados». Así que depende de nosotras instituir un pequeño acto consciente que haga explícita la ruptura, el punto final.

Algunas sugerencias

- Dar una fiesta «sólo para chicas». Invitar a nuestro grupo de amigas, abrir una botella de champagne y celebrarlo. Rosa afirma: «Yo organicé una reunión con siete amigas, y el punto álgido de la noche fue cuando quemamos una foto en la que yo y mi ex estábamos juntos. Cuando le vimos desaparecer por la chimenea, convertido en cenizas, no podíamos parar de reír».

- Un ritual privado muy poderoso consiste en escribirle una carta en la que hacemos un recuento de todos los reproches y resentimientos que le tenemos, y luego quemarla. O, simplemente, hacer una lista de lo que sentimos de nuestra relación, quemarla y ver cómo nuestra historia se convierte en humo.

- Ir hasta el final y peregrinar a un sitio que significara mucho para los dos y, una vez allí, despedirse de la relación. Leah dice: «Yo me fui hasta Hastings, que es donde pasamos nuestro primer fin de semana juntos. Mientras conducía hacia allí, ponía canciones que me recordaban a él –y lloraba sin parar. Cuando llegué a la playa, tiré al mar todas nuestras fotos, las cartas que me había escrito, todo. Al acabar, me sentí mucho mejor y me fue a tomar un té yo sola y noté que estaba más liberada».

- Realizar algún ritual junto a nuestro ex es muy útil, aunque sólo sea hablar abiertamente de nuestros sentimientos pasados, de lo que nos gustaba y de lo que echamos de menos. Hay tantas relaciones de pareja que acaban con dolor y confusión que, al tener una conversación de «clausura», en especial si en ella los dos miembros de la expareja se escuchan, se propicia que puedan seguir adelante. Mary dice: «Nos reunimos y, por turnos, fuimos exponiendo exactamente los motivos por los que queríamos romper, cómo nos sentíamos, los buenos momentos que recordábamos, lo que echábamos de menos. Creo sinceramente que si no hubiéramos tenido aquella charla final, no habríamos acabado siendo los grandes amigos que hoy somos».

El mundo de los amigos

«Oh, él. Bueno, tenía las orejas demasiado grandes». Éste es el comentario que siempre hace la mejor amiga de Rosa cada vez que rompe con algún novio.

Cuando mi primer matrimonio se rompió, yo pasé a ser la «víctima inocente» de una historia de la que nada sabía. Las amigas venían a verme. El día en que rompimos, mi amiga Ginny vino a casa, me recogió, me llevó a la suya, y me dejó que viviera con ella seis meses –acto extremo de generosidad que va mucho más allá de los deberes de una mejor amiga–.

Tuve la suerte de contar con grandes dosis de comprensión y apoyo incondicional. Además, mi primer marido rompió el contacto con la mayoría de nuestros amigos comunes, así que en aquel sentido también tuve las cosas más fáciles.

Cuando me separé de mi segundo marido, las cosas fueron completamente diferentes. Y mucho, mucho más complicadas. Notaba que mis amigos cambiaban y se me escabullían como arena entre los dedos. Estaba asustada. Mis amigos son mi punto de apoyo.

La cosa tenía su gracia, porque en aquella ocasión había sido yo quien había puesto punto final a mi relación de pareja, sólo un año después de casarme.

En primer lugar, me di cuenta de que aquello ponía a prueba las esperanzas que la gente había depositado en nosotros. Habían sucumbido al maravilloso sueño que se materializó en nuestra boda y no podían soportar tener que renunciar a él tan pronto. Como nos querían a los dos, deseaban que nuestro matrimonio funcionara. Y, como no habían vivido nuestras dificultades cotidianas día a día, no acababan de creerse que la cosa no hubiera funcionado. *«¿Estáis seguros? ¿Cómo vais a hacer algo así? Daos un poco de tiempo».* Todos tenían un refrán, una teoría, una sugerencia. Me acosaban a preguntas y consejos en un momento en el que ya me resultaba difícil saber cuáles eran mis propias convicciones.

No me parece mal. Ése es el papel de los amigos.

Y luego estaba mi ex. A diferencia del primero, el segundo quería preparar despedidas muy elaboradas y formales para todos mis mejores amigos. Estaba en su derecho, después de todo algunos se habían convertido también en los suyos. Y, como señaló uno de ellos: «Hace 18 meses querías que todos nosotros le adoráramos. Ahora no puedes pretender que le abandonemos por el mero hecho de que tú le abandones».

De todas maneras, es inevitable sentir esa vocecilla indignada en nuestro interior que nos dice: «¡Pero si era amigo mío primero!», como si los amigos se pudieran ordenar como si fueran una colección de discos.

Además, una parte de mí se sentía culpable, así que me mostraba muy susceptible a las críticas. Sin ninguna razón (¿quién ha dicho que las rupturas son ámbitos de la razón?), pretendía que todos estuvieran conmigo, que me adoraran, que me comprendieran, y algunos no podían. Aunque me quisieran, no estaban de acuerdo con lo que estaba haciendo ni lo entendían. Tuve que aprender a vivir con esa desaprobación y con la confusión de mis amigos.

Me encontré enfrentándome a decisiones difíciles como por ejemplo: ¿Aún la considero mi amiga aunque esté enfadada con ella por lo que me dijo el miércoles pasado? La respuesta, normalmente, era sí. Aprendí, por decirlo con terminología de la Nueva Era, sobre el amor incondicional y el perdón.

Todas esas cosas del perdón, de que la vida sigue, de que hay que superarlo, me hicieron sentir más madura. A veces aquello se me hacía más duro que la ruptura en sí –con las rupturas ya tenía más práctica y más experiencia. Pero romper con amigos era algo que no me pasaba desde que iba a la escuela. Todo me resultaba muy desconcertante–.

Aprendí que, en último extremo, soy la única persona cuyas opiniones me importan porque, como dice George Michael en su canción *Jesus to a Child*, «Soy el único que vive mi vida». Aprendí que es imposible complacer siempre a todo el mundo. Y que sentir que a nuestros mejores amigos y nuestros familiares les parece mal una decisión nuestra es una experiencia dolorosa que da que pensar.

Palabras como *responsabilidad* o *consecuencia* pasaron de pronto a tener otros matices. Se convirtieron en experiencias y dejaron de ser sólo palabras.

Incluso tuve problemas con mi mejor amiga, que se ponía histérica conmigo. No podía soportar mi dependencia y su capacidad para llamar a las cosas por su nombre nos dio más de un problema. Me sentía sola y abandonada. Era como si hubiera arrojado todas mis relaciones al aire y no tuviera ni idea de dónde iban a caer.

Había gente con la que me daba vergüenza contactar. Gente a la que no había vuelto a ver desde el día de la boda y ahora tenía que decirles que todo había terminado. Sinceramente, no me veía preparada para soportarlo.

Pero lo bueno fue, aunque suene tópico, que descubrí quiénes eran mis amigos de verdad. Los que entendieron, o los que me apoyaron a pesar de no entenderme, se convirtieron en un bien muy preciado para mí. Y fueron muchos. En realidad, ahora mis relaciones con algunos de ellos han mejorado, porque están basadas en la verdad. Hemos pasado juntos por lo peor y lo hemos superado. Como dice mi mejor amiga: no hay duda de que, en una relación de amistad, es mejor ser sincero que fingir. Y saber que la gente no aprueba nuestra conducta pero sigue queriéndonos es muy enriquecedor.

En el fondo, cuando nuestra confianza en nosotros mismos y nuestra maña con las relaciones pasa por horas bajas, es bueno, muy bueno, saber que tenemos amigos.

Consideraciones al tratar con los amigos

◆ Intenta no tomarte las cosas demasiado a pecho. Toda acción tiene consecuencias y a veces éstas son desagradables.

◆ Recuerda que en esos momentos somos muy vulnerables y que no tenemos que aceptar tonterías.

◆ Ten en cuenta que las rupturas sentimentales afectan a la gente, porque siembran la duda respecto de sus propias parejas. Les recuerdan que sus propias aventuras extramatrimoniales podrían descubrirse en cualquier momento. Miran a la persona que se está separando y piensan: «Dios mío, eso podría estar pasándome a mí...». Y eso les asusta y les desconcierta.

◆ No desestimes que también puede darse el caso de que alguno de nuestros amigos mantenga una relación de pareja muy mala, y que nuestra repentina soltería le produzca un sentimiento de envidia que, sutilmente, cargue contra nosotros. Estas personas son las que no quieren saber nada de si nos va bien, ni si nos lo hemos pasado en grande en la fiesta de separados de la semana pasada... Con esas personas, simplemente, hay que darse cuenta de que «van a lo suyo». Tenemos que reivindicarnos a nosotras mismas y dejarles en paz.

◆ Hay personas que no son capaces de afrontar la intensidad de nuestros sentimientos; nuestra pena, nuestra ira. Les recuerdan experiencias propias pasadas que prefieren no recordar, o sentimientos no resueltos que tienen pendientes y sobre los que prefieren no pensar. Éstas son las personas que se sienten incómodas, o las que nos dicen que debemos ser fuertes.

◆ Hay personas que, sencillamente, no se muestran muy comprensivas. Les aburrimos con nuestro drama sin fin y nos hacen sentir como si fuéramos unas neuróticas.

◆ Las peores son las mujeres que se sienten amenazadas. Tienen miedo de que les quitemos al marido, o sólo se sienten a gusto en compañía de otras parejas. Es posible descubrir

–aunque esto se da más en los hombres– que no tenemos ningún amigo soltero, y que los casados se desvanecen tras nuestra separación.

Ejercicio

- Crea conscientemente una red de apoyo. Haz una lista de los amigos que te apoyan y te comprenden, y una lista de los que no. Conviene saber quién nos apoya y quién no. No pierdas el tiempo intentando convencer a los que no están contigo. Protégete, no salgas con personas negativas que te hagan dudar de ti misma.
- Pide ayuda. Pídeles que te permitan quejarte y patalear durante quince minutos. No seas muy absorbente. No te haría ningún bien y tus amigos se alejarían si vieran que sólo pides y no das nada.
- Comparte con personas de confianza lo que necesitas, lo que eres. Son los amigos a los que puedes llamar para decirles: «Hoy me siento así». A los amigos perniciosos dejamos de llamarles.
- Es posible que haya personas con las que te gustaría pasar más tiempo. Es el momento ideal para hacer nuevos amigos. Si hay alguien con quien deseas pasar menos tiempo, hazlo. Si necesitas hacer nuevos amigos, pídeselo a la gente.

Aspectos a tener en cuenta

- No tenemos que estar siempre justificándonos. La única persona cuya opción y aprobación importan eres tú. Los demás no viven tu vida.
- No tienes que ver a gente que no te cae bien. Tenemos derecho a invertir nuestro valioso tiempo como queramos, con gente que nos ame y nos enriquezca como personas y que vele sinceramente por nuestro bienestar.

◆ Éste es un buen momento para ser un poco egoístas. Digámonos: «Ahora necesito mucho tiempo para mí y no voy a salir mucho ni a quedar mucho con la gente». Seguramente, lo entenderán. Si no, deberemos ser más explícitas.

¡Delicias de la primera aventura de una noche!

Seis u ocho semanas después de separarme, mi amigo Pete me dijo que lo que yo necesitaba era un «revolcón». Le respondí que no tenía ni idea de cómo iba eso de las aventuras de una noche. Él me dijo que no me preocupara, que lo dejara en sus manos. Organizó una fiesta para su mejor amigo y me dijo que no trajera a nadie, sólo, si quería, a alguna amiga soltera. Llegué al restaurante y juro que por lo menos había 26 hombres sentados a la mesa. Si alguno tenía novia, no le habían permitido traerla a la fiesta. Cuando ya me había tomado un vodka con tónica, Pete se sentó a mi lado y me susurró al oído: «Dime cuál te gusta y yo me aseguraré de que suceda. Todos estos hombres están aquí para servirte. Eres una mujer atractiva, cualquiera estaría encantado de pasar la noche contigo».

Escogí uno al que ya conocía y Pete le dijo: «Llévatela a casa en taxi y pórtate bien con ella». Como los dos estábamos borrachos, creo que estuvimos fatal en la cama, pero valió la pena. Fue muy amable e hizo correr la voz de que yo era maravillosa en la cama, y eso me elevó mucho el ego, cosa que me hacía falta. Durante los últimos dos años de mi relación, no había mantenido relaciones sexuales con mi pareja, y había llegado a perder por completo la confianza en mí misma.

Ella *, 26 años, en referencia a su «vuelta a la vida»*

Desde el punto de vista táctico, puede ser más divertido que pasarse horas aullando a la luna. El «primer revolcón» se llama así precisamente porque establece una frontera entre nosotras y el recuerdo de nuestro ex. Incluso en el caso de que, como le sucedió a Ella, la relación sexual en sí misma no sea maravillosa, el «primer revolcón» puede hacernos sentir deseadas de nuevo.

Es bastante frecuente que en la etapa final de nuestra relación de pareja la imagen sexual que tenemos de nosotras mismas sea muy mala. Puede ser que nos hayan rechazado y que pongamos en duda nuestro atractivo; es posible que entre nosotros ya no quedara pasión al final de nuestra vida de pareja y que hayamos perdido la práctica. Como confiesa otra mujer:

Cuando me separé de John, echaba mucho de menos el sexo y tenía muchas inseguridades en relación con mi cuerpo porque él siempre me estaba criticando, me decía que estaba muy gorda y esas cosas. Alguien me comentó una vez que en la vida siempre hay un «don o doña interino» y que, una vez te has acostado con otra persona, ves tu relación anterior de una manera totalmente diferente. Así que tomé la decisión consciente de ir a ver a mi ex marido –el hombre con el que había tenido las mejores experiencias sexuales de mi vida. Sabía que, si estaba soltero, intentaría acostarme con él. Era su cumpleaños, y le envié 25 girasoles–. Sabía que aquello conseguiría dos cosas: primera, complacerle; segunda, conseguir que me llamara. Y así lo hizo. Salimos a tomar una copa y acabamos haciendo el amor toda la noche. Aquello fue bueno para mí por varios motivos: como con John el sexo nunca había sido bueno y con mi ex esposo sí, me enteré de lo importante que era el sexo para mí; me demostró que podía ser atractiva y deseable de nuevo, después de la baja autoestima que había sentido cuando estaba con John; y actuó como un gran «corte de mangas», algo nada despreciable en el tour de force *que mantenía con John en aquella época. Él no sabía por qué, ¡pero yo sí! Era como si llevara escrito en la frente, con grandes letras de neón: «¡Me estoy acostando con alguien!».*

Therese, 28 años

La desventaja de este «primer revolcón» (y de cualquier «revolcón») es que la cosa puede complicarse. Pueden volver a hacernos daño. Podemos volver a hacerle daño a la otra persona.

Debemos, por tanto, sopesar los riesgos, respirar hondo y empezar de nuevo.

Algunos consejos

- ◆ Intenta no enamorarte, especialmente si sabes perfectamente que es sólo sexo.
- ◆ No te acuestes con nadie que sepas de antemano que va a hacerte daño.
- ◆ No hagas locuras y usa siempre preservativos.

Ventajas e inconvenientes del «clavo que saca otro clavo»

Cuando estaba separándome de Robin, conocí a un hombre que, ahora que lo veo en perspectiva, era todo lo que Robin no era. Era divertido, mientras que Robin era muy serio; era grande, a diferencia de Robin; era espontáneo, mientras que Robin se controlaba más. Iniciamos una aventura loca. El sexo con él era maravilloso y nos reíamos hasta que nos dolía el estómago. Me enamoré de él y –ahora me doy cuenta– me involucré con tanta intensidad que él se asustó. Ojalá me hubiera tomado las cosas con más calma. Pero creo que intentaba recrear otra relación para convencerme a mí misma de que no había nada malo en mí. Y, cuando hacemos las cosas por despecho, hacemos cosas muy raras…

Therese, *hablando de los amores por despecho*

La característica principal de las relaciones que se establecen por despecho es que los amantes que encontramos son exactamente lo contrario de los que acabamos de perder. Si nuestra anterior relación se ha roto porque nuestro ex nos trataba como si fuéramos un elemento más del mobiliario de la casa, el nuevo amante será tan atento con nosotras que le se hará empalagoso. Si nuestra última pareja era tan asfixiante que apenas nos dejaba respirar, seguro que nos agenciaremos a un individuo frío, mezquino e impredecible que nos hará dar más vueltas que un ventilador.

La otra gran característica es que este tipo de relación llega en un momento en el que sabemos que no estamos preparadas. Pero, bueno, de todas maneras nos lanzamos.

Estas relaciones de despecho, suelen darse entre los tres y los seis meses después de «la gran ruptura», en ese momento vulnerable en que el alivio por haber escapado se está difuminando y el principal miedo –¿y si nunca vuelvo a encontrar pareja?– está empezando a hacerse un hueco. Pero lo cierto es que aún no estamos listas y nuestra capacidad de raciocinio es, cuando menos, dudosa.

En consecuencia, este tipo de relaciones tienden a ser, como mínimo, insatisfactorias y, en algunos casos, añaden un trauma más a nuestra colección de pesadillas. De todas maneras, ser conscientes de ello no basta para detenernos.

Mi segundo esposo era un chico judío muy agradable. El siguiente de la lista no tenía nada de agradable. No lo era en su aspecto, se veía muy claro que era problemático. No tenía trabajo y parecía no gustarle que yo lo tuviera. Era ambiguo, evasivo y todo lo que a mi madre le disgustaba cuando yo tenía 15 años. Era como volver a cierta forma de rebelión adolescente.

Y, de todos modos, lo hice.

Una de mis amigas, en un momento de inspiración literaria, me citó una frase de William Blake. Era algo así como que es mejor matar a un bebé en su cunita que alimentar un deseo insatisfecho. Aquello me pareció un poco duro, pero no del todo desacertado. Me sentía impulsada por un modelo de conducta muy antiguo: *Debo tener un hombre a toda costa, debo tener un hombre a toda costa.* Hacia el final de la relación, unos meses después, me dí cuenta de que la cosa se había convertido en «debo tener un hombre a toda costa, si no corro el riesgo de ser una persona sana y feliz y empiezo a conocerme mejor a mí misma, y eso sería terrible». Sin embargo, al final me convencí de que no era tan terrible y que merecía la pena intentarlo.

Aquella relación no fue buena para mí –me quitaba energía, me agotaba; yo no estaba preparada y no me entregué a él, cosa que sin duda se añadió a la lista de sus dolores–. Sin embargo, no me arrepiento en absoluto de lo que hice, porque aprendí mucho. Aprendí que de todo se aprende. Aprendí que realmente no estaba preparada para mantener otra relación de pareja y que no estaba dispuesta a engañarme a mí misma ni a hacer daño a terceros. Aprendí que no estaba preparada para aguantar viejas dificultades sólo por no querer estar sola. Aprendí que merezco más que las migajas de la mesa de un hombre frío, y eso es algo que ahora creo sin tener ninguna duda.

Con todo, hubo compensaciones magníficas. Paseos románticos por Londres al atardecer, cuando la ciudad en la que vivo se me aparecía con un aspecto totalmente nuevo; poner la cama perdida de helado de chocolate y no importarme lo más mínimo; pasar días enteros en la cama, los dos juntos, hablando, haciendo el amor, sólo levantándonos para salir a pasear al atardecer. Noches íntimas tumbados en el sofá mirando *¿Quiere ser millonario?* en la tele y gritando las respuestas a la pantalla. Y sesiones inolvidables de sexo (¿qué sentido tienen las relaciones de despecho si el sexo no es inolvidable?). Aquellos tiempos fueron importantes para mí y, aunque suene a tópico, una parte de mí siempre le amará.

Pero los obstáculos eran muchos, entre ellos, mi comportamiento errático que resumiré diciendo que podría haber interpretado ese personaje en la película *This year's love* que se mete en la cama con un hombre y le dice: «Estoy despechada, así que no soy de fiar». Así que acabé dando la bienvenida a ese espectro que llegó a la fiesta sexual de mi romance de despecho: el sentimiento de culpa. Si nuestro amante siente algo por nosotras (y la ley de Murphy nos dice que así será) acabaremos sintiéndonos fatal por actuar como canallas o, como dice una amiga mía, como hombres.

Cuando todo acabó, al menos había ganado un nuevo tipo de confianza, basada en la idea de que aquello era lo máximo para lo que estaba preparada en aquel momento y que por eso era mejor no embarcarme en nada.

Así que si te encuentras a punto de embarcarte en una relación de despecho o ya estás en ella, puedes acelerar todo el proceso si te formulas las siguientes preguntas:

- Si sopeso las ventajas y los inconvenientes, ¿vale la pena?
- ¿Es hasta tal punto la antítesis de mi ex pareja que estoy actuando sólo por despecho?
- ¿Me lo paso bien en realidad?
- *¿Estoy en mis cabales?*

Sumario de la primera parte

Para poder poner punto final a la última relación de pareja:

- Deja de echarle la culpa a él por todas las cosas malas de nuestra vida.
- Constrúyete una conciencia propia.
- Siente lo que sientes y no te evadas de tus emociones.
- Piensa en formas positivas de obtener apoyo.
- Nútrete tú misma de manera consciente.

- Adquiere conciencia de las fases de la soltería y reconoce en cuál te encuentras.
- Distánciate de tu ex, de manera que establezcas una ruptura muy clara.
- Crea un grupo de amigos que te apoye.
- Acepta tal vez un «primer revolcón» o una «relación de despecho»

Segunda parte
Una historia de amor contigo misma

Una nota personal
Disfruta tu autoestima

Ya ha llegado el momento de que te centres en la persona que en realidad importa: tú misma.

Recuerda que aunque salgas con alguien, aunque estés viviendo una relación de desquite o te hayas enamorado de pronto, te seguirá haciendo un gran bien leer y trabajar esta parte.

10 mujeres explican porque vivir solas les potencia la autoestima

Mi primera relación se rompió cuando terminé la universidad y él dejó de venir a verme. Como consecuencia, caí en una gran depresión. Me mostraba muy cínica y autodestructiva. Empecé a acostarme con el primero que se me cruzaba en el camino, generalmente hombres horribles, pero al menos me consolaba diciéndome que si todos los hombres eran así, había tenido suerte de que mi novio me abandonara. Aquello era horrible, y me hacía sentir peor. La cosa llegó a su peor momento cuando conocí a alguien que estaba realmente en el eslabón más bajo de aquella cadena de horror, un hombre del que supe que a la vez que salía conmigo mantenía una relación con su ex novia. En aquel momento toqué fondo. Empecé a tomar Prozac. Tuve que caer tan bajo para darme cuenta de que sola se estaba mejor. Si pienso en ello como en un gráfico en el que el punto más bajo es la tristeza y el más alto la felicidad, así era como veía mi relación con mi soltería. Al hacer cosas para mí misma y al vivir sola, aprendí a apreciarme a mí misma y a valorar mi propia compañía. No lo conseguí hasta los 25 años, pero lo conseguí.

Ariana, *29 años*

Recuerdo que cuando estaba con mi ex siempre sentía que necesitaba que otra persona me aconsejara, que me apoyara, hasta que pagara las cosas que consumía. No me imaginaba que pudiera ser autosuficiente y necesitaba a alguien que me ayudara a sobrevivir, incluso desde el punto de vista económico. Sentía que necesitaba depender de un hombre, aunque supiera que pensar así estaba mal, aunque no quisiera sentir así.

Ahora las cosas han cambiado. Ya no me siento así en absoluto. Me siento completamente autosuficiente, lo que no implica que no desee la compañía de un hombre. Pero cuando uno se me acerque, será una relación mucho más equilibrada, porque sé que no le necesito.

Jacqui

Yo crecí como persona cuando estuve sola. Trabajaba en un periódico y le caí muy mal al nuevo editor que asumió el cargo. Me despidió. No tenía a nadie a quien recurrir, sólo a mí misma. Nunca en mi vida he estado tan convencida de que tenía que sobrevivir. Y salí adelante. Cuando llegó el *momento de hacer efectivo el despido, me suplicaron que me quedara otro mes, pero yo me negué. No me dejé pisotear. No tenía a nadie que me ayudara, así que tuve que ayudarme yo sola y aquello me hizo sentir una gran satisfacción. Estaba muy orgullosa de mí misma. Me convertí en una persona más feliz y más segura de mí misma, y por eso no fue una sorpresa que conociera a un hombre bueno. Yo estaba seguramente en la mejor disposición mental posible para conocerle.*

Rachel

Después de separarme de mi ex, empecé a sentirme mejor conmigo misma de lo que me había sentido en años. Perdí mucho peso, algo que para mí era casi como perder toda la carga emocional que había estado arrastrando. La gente me decía que se me veía muy cambiada, y yo empecé a pensar que podía reinventarme a mí misma. Era todo muy emocionante. Ya no siempre Elaine y Robert, sino Elaine y Elaine. Aquello me hacía sentir muy sexy.

Elaine

Es difícil expresarlo con palabras, pero siento que tengo más sustancia.

Sarah

Me acuerdo de cuando fui a trabajar en un kibbutz a Israel hace años, pensé que allí nadie me conocía, que no tenía pareja, ni amigos. Si les gusto– pensaba– es porque les gusta cómo soy. Bueno, pues ser soltera es un poco lo mismo. Puedo estar gorda, ser extremada, ruidosa. Cuando tienes pareja, sabes que te apoyará en eso. Ahora, cuando estoy gorda y soy extremada y ruidosa, a la que tiene que parecerle bien es a mí. En ese sentido, siento más que estoy viviendo mi propia vida, que no dependo de la aprobación ni de la desaprobación de nadie.

Ria

Siento que mi corazón está más abierto, de una manera menos limitada. En una relación de pareja, el corazón generalmente se abre sólo a una persona, mientras que ahora me siento más dispuesta a mostrarme afectuosa con todo tipo de gente —en mi trabajo, por ejemplo, con los que tienen más de sesenta años—. Antes, cuando percibía sentimientos de afecto hacia los demás pensaba: «Siento así porque estoy enamorada». Y hay algo de eso que me hace sentirme más yo, de algún modo.

Louise

Estar sola me ha dado un punto de vista distinto de mí misma, de cómo me comporto, de cómo funciono. Me ha dado la posibilidad de ser lo mucho que valgo. Antes, siempre iba en pos de lo imposible, Ahora quiero a alguien que me valore y que me haga sentir valorada.

Sarah

Mi conclusión es que he aprendido más sobre mí misma desde que vivo sola, especialmente sobre mi dependencia y sobre lo que me hace mostrarme intensa con los hombres. Creo que estoy aprendiendo a ser más suave. Pero hay muchas cosas de la soltería que saboreo de verdad, como la ausencia de concesiones. Hay una parte de mí que nunca ha explorado partes de mí misma, de mi vida y de lo que ésta tiene que ofrecerme. Mientras he estado en pareja, nunca he sentido que pudiera desarrollar nada de eso, pero ahora sí lo siento. Lo que he aprendido es que el tiempo de cada uno para estar solo es muy individual y único y que no hay un plazo fijo para vivir solo que le sirva por igual a todo el mundo. Pero estoy segura de que hoy no entregaría mi soltería sin más. Creo que negociaría una relación muy diferente, ahora que he vivido sola. Habría cosas que desearía mantener para mí sola, como por ejemplo las noches con mis amigas, o algunos ratos para estar sola. También creo que tengo más claro lo que busco. Ya no es sólo un hombre. Es alguien que me valore, porque quiero sentirme valorada. Esto es para mí lo que importa en una relación de pareja, tal vez no sea lo mismo para todo el mundo.

Therese

Me siento algo proselitista al respecto, pero es que vivir sola tiene tan mala prensa. Y creo que es algo muy calculado por parte de los hombres, porque está claro que les va muy bien que las mujeres se sientan desesperadas. Una mujer desesperada va a mostrarse mucho más dispuesta a lavarle los calcetines que una mujer que no lo esté. Cuando vivía sola me lo pasaba en grande y supe ser completamente independiente por lo que ahora no soporto cualquier cosa que se parezca a una pareja tradicional. El otro día alguien me contaba que había preparado un aperitivo mientras su marido veía un partido de fútbol en la tele, y me dieron ganas de vomitar. Pensé: ¿cómo puede ser que le estés preparando un aperitivo a un señor sudoroso un sábado por la tarde? Que alguien me diga si un hombre le ha hecho alguna vez un pastel a su esposa cuando se reúne con sus amigas a hacer calceta.

María

Vivir sola es maravilloso

Cuando la gente se separa, suele decir que lo que echa de menos es la estabilidad y la seguridad, y esa sensación de saber a dónde van, pero a mí en realidad me da más seguridad vivir sola. Sé hacia dónde voy porque todo lo controlo yo. Es una sensación que surge cuando nos relajamos lo bastante en nuestra vida de solteras y cuando nos sentimos lo bastante seguras. A mí me ha llevado un año entero de vivir auténticamente sola para llegar donde estoy, pero ahora me parece maravilloso.

Me siento segura de poder llevar mi propia vida y de poder hacer de ella algo magnífico –mucho más que cuando era soltera, es decir, cuando aún no me había casado–. En realidad, cuando un hombre aparece en nuestra vida, la incertidumbre aumenta. Pero debemos estar seguras de poder darnos seguridad a nosotras mismas, de que no necesitamos a nadie que nos la dé. Cuando una es capaz de dársela a sí misma, eso le hace sentir bien, le hace sentir fuerte. Ahora sé que, pase lo que pase, y por más que haya cosas que me afecten, voy a sobrevivir. Es una sensación fuertemente

arraigada en mi interior. Y no creo que sea una coraza, ni algo que me haya hecho más dura. La fuerza sólo se obtiene si se experimentan las cosas, si se pasa por ellas.
Jacqui, *lleva cuatro años viviendo sola (a intervalos) desde su separación*

Bueno, así que vuelves a la soltería. Enhorabuena. Tanto si tu estado es temporal como si es permanente, en ninguna otra época las mujeres lo han tenido tan fácil como ahora para vivir solas. Como ya decíamos en el capítulo 1, en la actualidad es mucho más fácil y aceptado ser soltera que en cualquier otro momento de la historia; la mujer tiene más libertad económica que antes; la mujer soltera se divierte más que nunca.

Ahora, ya puedes dedicar toda tu energía y todos tus esfuerzos en la relación que más te importa en la vida: la que mantienes contigo misma.

Los resultados te sorprenderán.

El hecho más maravilloso y liberador de la soltería es que nunca hay que hacer nada que una no quiera hacer. Puedes decir que no a ese almuerzo de parejas, quedarte en la cama todo el día comiendo galletas. No tienes que ser amable con personas que no te caen bien sólo por el hecho de que sean sus amigos. No tienes que pasarte una velada entera hablando de fútbol –a menos, claro está, de que te encante el fútbol–.

Tu vida y tu tiempo te pertenecen por completo. Tal vez al principio se te haga extraño, pero es una libertad maravillosa. Y la libertad permite que en tu vida surjan nuevas posibilidades: gente nueva, lugares nuevos, nuevas actividades.

Tras cierto tiempo, esas nubes de dolor empiezan a escampar y empiezas a sentirte con tiempo y energía para darte cuenta de que: *Aquí estoy, yo, estoy sola. Puedo hacer lo que me apetezca.* Situación que te lleva a la pregunta: *¿Y entonces? ¿Qué quiero hacer?*

Las relaciones de pareja
nos distraen de nosotras mismas

Las relaciones de pareja están plagadas de compromiso. Desde el momento mismo en que nos levantamos por la mañana, ya estamos pensando en él –¿ya ha salido del baño? ¿Sigue de mal humor? ¿Qué quiso decir anoche con aquel comentario tan raro?–. Toda esa preocupación por otra persona acaba restando energía.

El grado en el que nos centramos en nuestra pareja varía según los casos. Algunas mujeres lo hacen en exceso, como Leah, que afirma:

En la universidad, aunque trabajaba tanto como él, desde que empecé a salir con Steve, le planchaba los pantalones y las chaquetas y me levantaba a las dos de la mañana para preparar una tarta de ruibarbo, para que él la tuviera lista al volver del pub donde trabajaba, porque era su postre favorito. Cada mañana, me levantaba temprano, me quitaba el maquillaje del día anterior y me maquillaba de nuevo, para que cuando se despertara me viera radiante, como una auténtica Doris Day, sonriéndole.

Otras adoptamos un enfoque distinto a la hora de adaptarnos a nuestra pareja. Ésta se conforma con vernos sin maquillaje, y a nosotras nos importa un comino. Pero, de todas formas, vivir con otras personas, estar con otras personas, nos distrae irremediablemente de la relación que mantenemos con nosotras mismas. Como relacionarse con los demás implica tiempo y gasto de energía, podemos llegar a involucrarnos tanto con nuestra media naranja y sus deseos, o con los deseos que ambos tenemos en tanto que pareja, que no reparemos en nosotras mismas ni en lo que nosotras queremos. Y necesitamos. Nos vemos atrapadas en el drama de intentar interpretarle a él –qué ha hecho, qué ha dicho, qué le haría feliz, ¿le gusto realmente?– hasta el punto de no estar seguras de que él nos guste. O de que estar constantemente interpretando la vida y los deseos de una persona sea lo que nosotras queremos y necesitamos.

Cuando Isabel estaba enamorada de Charlie se fue a Escocia a vivir con él. Seis meses después, la dejó. Isabel dice:

Me pasé un día entero llorando y después pensé: «De acuerdo, necesito saber dónde estoy respecto de mí misma, en qué punto de mi vida estoy». Me di cuenta de que el trabajo que tenía, y que había aceptado para estar con él, no era lo que en realidad quería. Además tampoco me gustaba vivir en el norte de Escocia, ahora que volvía a estar sola. Pensando en lo que quería hacer, me dí cuenta de que siempre había deseado vivir en Londres. Así que pensé: «¿Por qué no?» Empecé a buscar trabajo en la capital y, cuando me dieron uno, me sentí como una niña con zapatos nuevos. Me encantaba salir sola a explorar la ciudad por mi cuenta. Los fines de semana iba a los sitios como si fuera una turista. Me encantaba. Y descubrí una independencia que nunca creí poseer.

Sea quien sea el que inventara cuentos de hadas como *La cenicienta* o *La bella durmiente* tiene mucha responsabilidad en todo esto. Aunque seamos mujeres atractivas y nada ingenuas que entran en un nuevo milenio, poseemos la desgraciada y arcaica tendencia a poner nuestras vidas en cuarentena –cuando llegue un hombre, todo irá bien, seremos felices y comeremos perdices–. Estos planteamientos de cuentos de hadas no sólo nos mantienen en una posición de dependencia, sino que cargan una gran responsabilidad en el pobre hombre de nuestros sueños. Nuestras expectativas en ese blanco caballero de brillante armadura acabarán más cargadas que nuestra tarjeta de crédito. Pongámonos un momento en su lugar. ¿Acaso buscamos a un hombre que espere que una mujer le solucione la vida? No lo creo. La vida la tenemos que tener solucionada de todas maneras. Aquí y ahora.

Ahora que no hay nadie que nos distraiga –no mucho, por lo menos– podemos empezar a interpretar lo que queremos nosotras mismas. Se trata de una actividad fascinante y de la que se extraen mayores recompensas. Es una gran satisfacción conocerse más una misma, gustarse más, confiar más en una misma. Como por arte de magia, necesitamos dedicar menos tiempo a concentrarnos en los demás. En cierto modo no tiene tanta importancia. Nos damos cuenta de que nos valoramos demasiado como para preocuparnos siempre por saber lo que le pasa a él por la cabeza.

¿Quiénes somos nosotras? Sin pareja; sin el papel de novia, de esposa, de «media naranja». Ahora eres la mitad de nada, eres la totalidad de una unidad. Pero, ¿qué forma tiene esa unidad? ¿De qué color es? ¿Qué le gusta hacer? ¿A qué son le gusta bailar?

No es posible tener una relación eficaz y plena con alguien a menos que se tenga primero con una misma. Y ahora ha llegado el momento de descubrirse. La ocasión de maravillarse con esa persona que importa de verdad. Llegar a un compromiso con la única persona que posiblemente pueda devolvernos ese compromiso en forma de gratitud duradera: tú misma.

El doctor Stan Charnofski, experto en relaciones personales, en su obra *When Women Leave Men (Cuando las mujeres dejan a los hombres)* cita al famoso psicólogo Erik Erikson, quien aseguraba que había ciertas tareas psicológicas que debían adquirirse en los primeros estadios de la vida. En tanto que adolescentes, la tarea que debemos completar es la de la «identidad»: aprender a liberarnos de los dictados de padres, profesores, amigos y averiguar quiénes somos. Una vez conseguido, podemos pasar a intentarlo con una tarea propiamente adulta; la de la «intimidad». Debemos aprender a negociar una relación íntima o afrontar una vida de aislamiento. Para Erikson, la secuencia siempre implicaba la consecución de la identidad como paso previo para el acceso a la intimidad (pues, ¿cómo sería posible mantener una relación de intimidad con alguien si no sabemos quiénes somos?) Charnofski afirma:

Creo que esta misma secuencia y ecuación tiene lugar en cualquier momento de la vida en la que se produce una crisis importante. Cuando se da una muerte, la pérdida de un trabajo, el fin de una relación, hay que averiguar de nuevo quién somos en nuestra nueva situación vital. La ecuación se da como sigue: la identidad es anterior a la intimidad.

Así, aunque ya hayamos estado solas en otras ocasiones y pensemos que ya hemos pasado por todo esto otras veces, lo cierto es que es ahora el momento de redescubrirnos a nosotras mismas, a nuestro nuevo yo. Porque habremos cambiado, habremos crecido.

En mi caso, no hay duda de que ha sido así. Cuando mi segundo matrimonio se fue a pique, llevándose con él todos mis deseos, esperanzas y sueños de pasar el resto de mi vida con mi esposo y, con suerte, convertirme en madre, tuve que sentarme a ponderar: ¿cómo deseo que sea mi vida si vivo sola? ¿Y si no tengo hijos? ¿Cómo quiero que sea ahora? Parte de la respuesta era que necesitaba desesperadamente un nuevo reto profesional. Había tenido dificultades en mi trabajo, pero no me había preocupado mucho porque trabajar como periodista independiente desde casa me permitiría compaginar mi actividad profesional con mi papel de madre. Pero una vez roto el sueño, necesitaba algo más; mi carrera volvió a cobrar fuerza en mi vida. Además, me di cuenta de que mi creatividad necesitaba desarrollarse en otros campos; tendría que hallar otra manera de hacer de los niños parte de mi vida. Todo aquello implicaba una observación detallada y profunda de lo que era, de lo que quería, de la dirección que iba a emprender.

La conclusión de esta historia es la siguiente: lo que siempre había deseado había sido escribir un libro. Curiosamente, justo después de separarme me encontré comiendo un día con Mandi Norwood, la editora de *Cosmopolitan*. Hablamos del tema y aquí está el libro. Como por arte de magia, la oportunidad que necesitaba apareció. Ahora estás leyendo el fruto de mi decisión de soñar en lo que quería y de tener el valor de preguntármelo.

No quiero un compañero que nunca haya vivido solo. Respeto a los hombres que dicen que se van para estar solos. No me gustan las personas que no soportan su propia compañía.

María

Es frecuente que cuando no estamos en pareja nos concentremos más en nuestra profesión. Pero no todo tiene que ser trabajo. Ahora que no tenemos un compañero estable, es más fácil valorar a qué juegos nos gusta jugar.

Es el momento ideal para hacer todas aquellas cosas que nos prometimos a nosotras mismas que haríamos «si tuviéramos tiempo». Por ejemplo: «Me encantaría tener tiempo para ir a clases nocturnas a aprender cerámica»; «Ojalá tuviera tiempo para ir a clases de piano»; o para viajar a la India; o para aprender a ser trapecista. Ahora que los deseos, las esperanzas y los sueños comunes han muerto, es el momento de pensar en los deseos, esperanzas y sueños propios. ¿Qué te gustaría hacer hoy? ¿Esta noche? El resto de tu vida?

Es hora de tomar las riendas de nuestra vida, para que cuando algún hombre haga su aparición en ella sea un elemento más, pero no la razón de la existencia.

Cuando Leah se separó, decidió cumplir un sueño largo tiempo anhelado y se matriculó en la carrera de Bellas Artes. Aquello transformó su vida:

Me ha convertido en una persona más auténtica. Sé quien soy y quién quiero ser y no voy siempre en busca de algo. Siempre quise ir a Bellas Artes y hacerlo fue un acto de afirmación personal. Cuando llegué, pensé que estaba empezando a ser la persona que siempre había querido ser. Supongo que aquello me hizo dejar de pensar que era junto a un hombre como conseguiría ser la persona que anhelaba ser. El primer día estaba emocionadísima. De hecho, me sentía muy atractiva, y entendí que la excitación sexual tiene que ver con sentirse bien con una misma, y que no tiene que ser un hombre el que nos haga sentir así. Recuerdo que una compañera me dijo hace poco que, aunque es obvio que en la actualidad amo a mi novio, a él le sorprende que yo pueda ser una persona distinta y tener mi propia vida. Como ya he dicho, yo antes no era así, es el arte lo que me ha convertido en una persona diferente. La gente dice que cuando tienes hijos, tu manera de entender las relaciones cambia porque hay algo que pasa a ser igualmente importante para los dos miembros de la pareja. Yo me siento así con el arte. Y no estoy segura de que hubiera podido meterme en el mundo del arte con tanta facilidad de mantener una relación de pareja. Volví a descubrir que aquella era mi pasión precisamente porque no tenía pareja.

¡Hazlo!

¿Qué es lo que quieres descubrir, ahora que eres libre como el viento? ¡Actúa! ¡Hazlo ahora! Apúntate a clases de salsa. Aprende a nadar bien. Consigue el visado que te hace falta y vete a trabajar al extranjero. Aprende francés. Cambia de profesión. Inscríbete en un curso para ser fisioterapeuta. Lo que sea. Como dijo Goethe: «Sea lo que sea, lo que pienses o creas que eres capaz de hacer, empieza a hacerlo. La acción posee magia, gracia y poder».

Ejercicio

◆ *Empiezo a soñar*

Fórjate un sueño. «Las metas no son más que sueños que uno se toma en serio», dijo la escritora Esther Robertson. Saca tu diario de sentimientos y haz una lista de tus deseos, esperanzas y sueños. No te censures mientras escribes, deja que las cosas vayan saliendo.

Muchas veces, un cambio tan radical como el de la separación trae consigo otro tipo de cambios. Tal vez ahora puedas dedicarte a la profesión con la que siempre has soñado sin que tu esposo te diga que te has vuelto loca, o que así nunca podréis pagar la hipoteca. En tu tiempo libre puedes empezar a practicar algo que siempre hayas deseado —escribir o estudiar fisioterapia—.

◆ *Centrarme en el futuro*

Enciende una vela y permítete un sueño.

Piensa en lo que más te gustaba cuando eras pequeña, en los sueños que tenías. Deja que la mente divague. Olvídate del miedo.

Tal vez no hicieras esas cosas porque estabas un poco asustada. Imagínate que, por un momento, eres tan atrevida como Arnold Schwarzenneger con un objeto contundente en la mano.

◆ *Cosas que secretamente me encantaría hacer*
Escribe una lista de cinco, cosas al menos

____

____

____

____

Ahora que ya te lo has pasado bien soñando, echa un vistazo a la lista con una mirada realista. ¿Es en verdad tan imposible hacer esas cosas? Escoge una de ellas y haz algo esta semana que te conduzca a su materialización. Una vez empiezas a investigar, se produce un ronroneo maravilloso en tu interior, algo que te dice: «Esto lo estoy haciendo por mí misma, para mí misma, sólo porque me gusta».
El miedo y la emoción a veces son lo mismo.

◆ *¿Quién soy?*
Éste es un ejercicio de alarde, que se hace por el mero placer de hacerlo.

- ¿Cuáles son mis puntos fuertes?
- ¿Cuáles son mis debilidades?
- ¿Qué es lo que me gusta más de mí misma?
- ¿Qué me gustaría cambiar de mí misma?
- ¿Qué cosas me halagan?
- ¿Con qué me gustaría que me halagaran?
- ¿Qué visión tengo de mi vida?
- ¿Qué me gustaría que pasara en los siguientes cinco años?

Considérate importante

Todos somos especiales para nosotros mismos de alguna manera. Si lo piensas bien, no pondrías tanto empeño en tener éxito en el trabajo o en el amor si una parte de ti no creyera que eres especial. ¿Qué nos pasa a las mujeres que creemos que tratarnos bien a nosotras mismas y darnos caprichos es algo malo? ¿Por qué hacer algo sólo para nosotras mismas, como comer en un maldito restaurante, ya nos supone una proeza tan grande? Cuando vamos acompañadas no es ninguna proeza, cuando hay alguien que nos apoye. Pero cuando estamos solas y lo hacemos sólo para nosotras, a veces nos lo parece. Estoy segura de que hay menos mujeres que van solas a restaurantes que mujeres que se masturban.

Ariana, 29 años, cinco años separada

Ejercicio

Organiza una cita romántica contigo misma. Toma un baño de espuma, ponte ropa interior especial y maquíllate, igual que si fueras a salir con un hombre, pero sal tú sola. Ve a un restaurante bonito, da un paseo por el parque. Habla contigo misma como si fueras tu amante: «Estás preciosa», «Me lo estoy pasando muy bien», «Eres una persona muy interesante», etcétera. Si quieres llegar hasta el final, podrías acabar la velada haciendo el amor contigo misma y diciéndote al terminar que has estado mejor que Sharon Stone en un día bueno.

Hagas lo que hagas, diviértete, asume riesgos emocionales, siéntete tonta, nerviosa, vulnerable y pasa un rato agradable.

Otros trucos para potenciar tu «yo soltero»

El objeto de las siguientes acciones es poner energía en tu yo soltero.

◆ Dedica un santuario a tu yo soltero. Reserva una pequeña mesa, un marco de ventana o una estantería y llénalo de tus objetos favoritos o de cosas que signifiquen algo en tu vida de soltera, por ejemplo: una foto fantástica en la que aparezcas feliz y segura; fotos de amigos y amigas que te ayudan: flores, imágenes favoritas; frases que te gusten; objetos; piedras; hojas –cualquier cosa que te apetezca colocar allí–.

◆ Repasa revistas recortando imágenes, palabras, citas que te gusten. Haz con ellas un *collage*, pegándolas en una hoja de papel de periódico. Enmárcalo o cuélgalo en la pared para que te recuerde cómo deseas sentirte y qué quieres que suceda en tu nueva vida de soltera.

◆ ¡Haz una lista de la compra cósmica! Anota los deseos, esperanzas y sueños del ejercicio anterior y colócala en un jarrón especial que ocultarás tras un cuadro favorito y que colgarás de la pared. Geri Halliwell lo hizo antes de convertirse en Spice Girl –y todos sus deseos se convirtieron en realidad, excepto el de casarse con George Michael (algo sexualmente imposible, por otra parte)– pero se convirtió en su mejor amiga.

◆ Pregunta a tus amigos y amigas lo que les gusta de ti y haz una lista en tu diario con todos los cumplidos.

Ahora ha llegado el momento de leer cómo nos sentíamos cuando empezamos aquel diario para ver cómo han cambiado las cosas, antes de seguir adelante.

21 cosas que puedes hacer de soltera

1. Decorar la casa.
2. Comprarte un apartamento.
3. Viajar por todo el mundo.
4. Apuntarte a clases nocturnas.
5. Aprender algún idioma.

6. Hacer yoga o meditación.
7. Apuntarte al gimnasio por delante del cual llevamos años pasando cada mañana.
8. Aprender a cocinar un plato a la perfección.
9. Aprender a usar la taladradora.
10. Cumplir un sueño muy anhelado.
11. Hacer una carrera universitaria siguiendo cursos a distancia.
12. Cambiar de profesión.
13. Comprarte una mascota.
14. Cambiar de imagen; cortarte o teñirte el pelo.
15. Deshacerte de toda la ropa vieja y comprar ropa nueva.
16. Volver a salir a bailar por las noches.
17. Asistir a psicoterapia.
18. Tener un hobby.
19. Leer *Guerra y Paz, En busca del tiempo perdido* o cualquie-clásico.
20. Irte de vacaciones con alguna amiga o amigo.
21. Irte a vivir a la ciudad, o al campo, o a otro país.

Sacar el mejor partido

Vivir sola cuesta trabajo. La gente dice que hay que esforzarse para que las relaciones funcionen, pero también hay que esforzarse para mantener una relación con una misma. La gente dice que los hombres son muy predecibles. Pero nosotras también podemos acabar siéndolo. Si consideramos que el tiempo que pasamos con nosotras mismas es interesante y agradable, perfecto; pero si tratamos ese tiempo como algo que implica básicamente lo contrario de estar con alguien, acabaremos convertidas en un cero a la izquierda en nuestra mente.

María, *en un alegato a favor del yo soltero*

Sí, vivir sola no es fácil. También puede ser emocionante, excitante, divertido. En especial si sacamos el mejor partido de esa situación y dedicamos nuestro tiempo de soltería a hacer cosas que nunca nos atreveríamos a hacer, o que simplemente no haríamos, si estuviéramos viviendo en pareja.

Cuanto mayor partido sacamos de los placeres de la soltería –desde pasar una noche sola a viajar sin compañía por el ancho mundo– más nos reconciliamos con nuestro estado de personas solas. En vez de verlo como un espacio intermedio entre las cosas que en realidad importan en la vida, empezamos a darnos cuenta de que vivir solas es divertido y que en esas etapas puede pasarnos de todo.

También podemos aprender muchas cosas de nosotras mismas, desarrollar nuestra independencia, nuestra autosuficiencia. Y así obtenemos gran confianza en nosotras mismas, porque sabemos que podemos superar cualquier cosa que la vida nos ponga delante. Ya sea insistir en que nos pongan en una mesa mejor en un restaurante, cuando se empeñan en relegarnos a un rincón sólo porque estamos solas o enfrentarnos a un robo en Nueva York, la experiencia de hacer las cosas por nosotras mismas es algo que ya no nos abandonará nunca.

Lo que sigue es el testimonio de algunas mujeres que al quedarse solas descubrieron algunos elementos de sus vidas que ni siquiera sabían que existían.

Volar por nuestra cuenta

En general, la idea vivir en pareja me fue pareciendo cada vez menos deseable. Además, empecé a hacer las cosas que me apetecían, cosa que me ayudó. Tras ampliar estudios en los Estados Unidos, alquilé una furgoneta y empecé un viaje yo sola. A mí me encanta viajar. Con mi primer novio llegué hasta el Extremo Oriente. Comprendí de que lo ideal para mí sería hacer el viaje con otra persona pero que, puesto que estaba sola, lo iba a hacer de todas maneras. Ese tipo de ideas eran grandes transformaciones para mí. Antes de empezar estaba bastante nerviosa, pero sentí que mis nervios tenían más que ver con cometer imprudencias en la carretera, porque el vehículo era grande y las carreteras de los Estados Unidos me imponían respeto. No obstante, tan pronto me puse al volante, la emoción fue instantánea. Fue una sensación que se inició aun antes de salir del aparcamiento. Cuando me monté a la furgoneta, sentí algo maravilloso. Y pensé que conducir así me iba a hacer sentir genial, fuera sola o acompañada.

En aquel momento me dí cuenta de que estaba sola, de que volvía a ser soltera. No echaba de menos una pareja. Lo único que pensaba era que estaba haciendo algo que normalmente habría hecho con un compañero. Me sentí sola, pero de un modo muy positivo, de afirmación de mí misma. Fue genial.

Sarah

Cuando me separé empecé a trabajar para una agencia de viajes, y tuve la ocasión de viajar a muchas partes del mundo que jamás habría podido permitirme de haber tenido que ir por mi cuenta, porque sencillamente podía dejar todo lo demás y salir cuando tenía alguna oferta atractiva. Eso no se puede hacer si se tiene pareja. Primero hay que consultarlo con él; hay que poner de acuerdo las vacaciones de los dos para que coincidan al máximo. Recuerdo que en una ocasión me senté en una cabañita junto al mar en Bali y pensé que de haber tenido pareja nunca habría llegado hasta allí, y que no habría podido estar allí de cualquier otro modo.

Jacqui

El mejor día de mi vida fue uno que pasé estando sola. Fue muy emocionante, y eso que hasta entonces yo había creído que todo lo emocionante te pasaba cuando estabas con otra persona.

Estaba en Malasia y había quedado con una pareja para hacer juntos un viaje a un parque nacional, pero el caso es que no se presentó. Como yo había hecho la reserva, decidí irme igualmente, aunque no sabía en qué podía acabar todo aquello. Me lo pasé tan bien; era tan emocionante no saber qué me iba a encontrar al doblar cada esquina.

Fui en autobús hasta un punto, y allí tomé un barco, pero me equivoqué y me monté en el más lento, cosa que al final resultó mejor. En la barca sólo estábamos aquel hombre y yo. El hombre manejaba un motor muy pequeño y la barca zigzagueaba por el ancho río. Todo era muy espectacular y parecía encontrarme como en una película. Vi una isla en la distancia y pensé que aquel era el sitio al que nos dirigíamos, pero me equivocaba, claro, y seguimos avanzando por los manglares. De vez en cuando pasaban barcas de pesca, la gente nos saludaba agitando las manos, y a mí todo me parecía extraordinario. Luego pensé que tal vez estuviera siendo demasiado aventurada; que aquel hombre podría violarme si quisiera, pero acto seguido me dije que no creía que aquello fuera a ocurrir.

La belleza del lugar era sobrecogedora. Y yo no podía dejar de narrar en mi mente todo lo que veía, como si una parte de mi cerebro estuviera intentando constantemente describir todo aquello a mis amigos cuando volviera. Pero entonces percibí que aquello me estaba distrayendo de disfrutar el momento, así que me limité a espantar aquellos pensamientos y a experimentar lo que estaba viviendo. Mientras lo convertía en palabras, la parte de mí que lo experimentaba se cerraba.

Así, me quedé allí a solas con mis pensamientos, intentando no pensar demasiado y disfrutar de la belleza de todo aquello. Al final salimos de los manglares y llegué.

Louise

Me fui sola de acampada y aquello fue muy importante para mí, en especial porque, hasta aquel momento, identi-

ficaba las emociones de la acampada con el hecho de compartir las cosas con una pareja. Al principio estaba bastante asustada porque el camping no era muy grande y no había nadie más y me sentí muy sola. Me alteré bastante porque cuando llegué ya era oscuro y me perdí en un camino rural. Siempre había estado allí con un ex novio mío que había sido boy-scout. Tuve que montarme la tienda de campaña en la oscuridad e hincharme la colchoneta, y todo aquello me pareció un gran paso hacia mi autosuficiencia. Cuando al final conseguí montar la tienda me puse a llorar y estuve llorando durante tres horas. A la mañana siguiente me desperté y todo estaba muy bonito, cubierto de rocío, y me fui paseando hasta la playa. Me pasé el día entero allí, y fue maravilloso.

Leah

Hubo un gran cambio para mí el día en que decidí irme hasta la costa en coche un día de invierno. Me encanta el mar pero, viviendo como vivo en la ciudad, no voy muy a menudo. Generalmente, en el pasado, convencía a mis novios para que me llevaran.

Pero esta vez, cuando me separé, pensé que por qué no iba por mi cuenta. Así que me llevé un termo, el perro, e hice las mismas cosas que habría hecho de haber ido con alguien. Y pasear al perro y tomarme un té en la playa me hizo sentir mucho más fuerte.

Ahora sé que hay cosas que cuando las experimento estando sola son más fuertes que cuando las comparto con alguien. Antes, jamás se me habría ocurrido irme sola a pasar un día en el campo. Pero la idea de irme con un amante me habría parecido romántica. Pero en realidad, la emoción que sentí al hacerlo sola fue enorme.

Rachel

Recuerdo que en unas Navidades se me acumuló una serie de fiestas de trabajo. Era el día anterior a la Nochebuena y tenía que ir a la última, que debía empezar a las seis de la tarde. Me vestí y me arreglé y tomé el autobús 38 hasta el centro de Londres. Pero de pronto se me ocurrió que aquello no me apetecía en absoluto. No me veía capaz de hablar otra vez con aquellas personas. Así que me pregunté a mí misma lo que me apetecería hacer y, justo cuando el autobús daba la curva y pasaba por delante de un cine, me bajé y me fui a ver 101 Dálmatas yo sola. El cine estaba lleno de niños y yo era la única adulta que no era madre de ninguno. Me lo pasé de maravilla. Me sentí como una chica mala, tonta y divertida.

María

La mayor de las emociones de la soltería para mí fue conseguir un apartamento para mí sola. Aquello me pareció el colmo de la autoafirmación. Tener que escoger un lugar, buscar financiación, hacer el traslado y todo lo demás, y hacerlo yo sola. Y darme cuenta de que si quería poner moqueta de piel falsa –y podía permitírmelo– nadie estaría allí para impedírmelo. Pinté el salón de rojo chillón. Sólo porque quise: Y porque no había nadie que me lo impidiera.

Rosa

Sacar el máximo provecho

♦ Para sacar el mejor partido de la soltería, hay que convertirse en una planificadora experta. Como dice María:

Vivir sola te hace ser muy eficiente haciendo planes, pero eso está muy bien porque lo que preparas son cosas diverti-

das. Yo siempre me aseguraba de hacer actividades agradables, porque los fines de semana son momentos muy preciados. Todo lo que hay que hacer es descolgar el teléfono y organizar algo con alguien. En mi caso, como tengo una familia muy unida, si algún fin de semana no tenía planes con amigos, siempre podía irme a casa de mi hermana, que tenía dos gatos y un novio. Si no quería, nunca estaba sola, pero muchas veces estaba sola porque me apetecía.

Si me quedaba sola, pintaba un cuadro o hacía cosas que me hicieran sentir que no estaba desperdiciando mi tiempo. La única vez que me quedé sentada en casa sin saber qué hacer, aburrida y deprimida, fue hace poco, un día en que esperaba que viniera un chico con el que había quedado para salir. Me armé de paciencia. Era irónico pensar que, de no haber estado esperando a un hombre, hubiera hecho algo más emocionante.

◆ Haz un esfuerzo suplementario. Hay que hacerlo cuando es una sola quien hace las cosas. Al principio las cosas no parecen tan emocionantes como cuando se hacen en pareja. Pero poco a poco nos damos cuenta de que sentimos algo diferente cuando hacemos el esfuerzo de llevar a cabo algo que nos gusta, algo que elegimos por nosotras mismas, para nosotras mismas. Es una excitación parecida a la que sentimos al hacer algo prohibido, acompañada de la idea de que nadie sabe que lo estamos haciendo. Hay que probarlo para entenderlo.

◆ Conviene tener presente que a veces se tarda un poco en empezar a valorar el nuevo estado de soltería, para no tirar la toalla antes de tiempo. Como relata Therese:

Me metía en el coche después de la clase de salsa y me decía a mí misma que era una triste idiota por volver a casa sola. Pero un día entendí que en realidad me lo acababa de pasar muy bien. Llegué a casa muerta de hambre, me preparé unas tostadas con mermelada, me las comí en la cama y pensé que aquello era genial.

◆ Sacar el mejor partido también implica hacernos importantes para nosotras mismas. Si planificamos un día de salida pero, llegado el momento, no nos apetece salir, debemos posponerla una semana. Tenemos que ser benévolas con nosotras mismas. La idea es alimentar la relación que tenemos con nosotras mismas, pero sin convertirnos en sargentos que nos obligan a ir de «maniobras».

Sacar el mejor partido implica decir «no» a las cosas que no queremos

Cuando vivimos solas, todo tipo de gente nos invita a hacer todo tipo de cosas. Muchas de ellas no nos interesan para nada, pero puede resultarnos difícil decir que no. Hay que tener presente que la capacidad para decir que no es una parte importante del ámbito de las relaciones interpersonales y, si no sabemos hacerlo, las consecuencias pueden ser más graves que acabar un domingo en el jardín de una compañera de trabajo con una copa de vino blanco en la mano. De todas manera, decir que no a un domingo aburrido es una buena manera de empezar.

La práctica de la asertividad (la capacidad para expresar con decisión una opinión), que nos enseña el arte de decir que no, opera en dos frentes:

◆ En primer lugar, nos recuerda nuestros derechos. Por ejemplo, que tenemos derecho a expresar nuestras necesidades y establecer nuestras prioridades en tanto que personas inde-

pendientes de cualquier papel que podamos asumir en la vida (por ejemplo, tenemos derecho a descansar un domingo en vez de ir al jardín de nuestro jefe sólo porque es el jefe).
Además, tenemos derecho a decir que no a cualquier cosa.
Y derecho a tratar con los demás sin depender de su aprobación. Si a una amiga no le parece bien que no queramos ir con ella a bailar, no es culpa nuestra.

◆ En segundo lugar, cuando llega el momento de decir que no, hay que optar por una afirmación y no salirse de ella. Debemos impedir vernos atrapadas en las discusiones o la manipulación. Hay que seguir diciendo que no –lo que, en técnicas de asertividad se conoce como la técnica del «disco rayado»– hasta que la otra persona se canse de oírlo. Por ejemplo: «Gracias por invitarme a salir contigo a bailar, pero este fin de semana necesito descansar».

Sí, hay veces en que decir que *no* es más difícil que en otras, pero sacar el mejor partido de la soltería no implica tener que malgastar nuestro valioso tiempo libre.

Qué hacer

Planifica un día entero contigo misma. Vete de excursión a la playa, visita una galería de arte que lleves tiempo queriendo ver.

¿Hay algún lugar al que secretamente te gustaría ir? Investiga un poco al respecto. Averigua qué se cuece los fines de semana en tu zona. Planea un viaje tú sola. Cuando más intrépido, mejor. Recuerda la afirmación de la obra. Hazlo aunque te dé miedo...: «Pase lo que pase, saldré adelante».

Pasa un día tranquilo, cómprate los periódicos del domingo y empápate de lo que pasa en el mundo. Pasa un día frívolo, apúntate a una sesión de masaje, hidroterapia, tratamiento facial...

Empieza suave. En vez de irte directamente a comer a un restaurante tú sola, por ejemplo, vete primero a tomar un café.

Está claro que si eres alérgica a la soledad, no tienes porqué estar sola. Puedes pensar de todos modos en lo que te gustaría hacer y luego ver si convences a algún amigo o amiga para que te acompañe. Otra opción es soñar juntas en las cosas que os gustaría hacer.

Aunque en realidad odies estar sola y llegues a la conclusión de que la soltería no te sienta nada bien, al menos será una conclusión a la que habrás llegado por ti misma en un proceso personal.

La amistad en el mundo de la soltería

Cinco cambios en las relaciones

Nos sentimos mejor cuando nos rodeamos de personas como nosotros, personas que se encuentren en nuestra misma situación, esto es, que también viven solas. Por tanto, hay que equilibrar el tiempo que se pasa con ciertos grupos de amigos, parejas y amigos que están solos. No es que se abandone a la gente, claro, pero yo, por ejemplo, descubro que paso mucho más tiempo con las mujeres solteras que conozco, y hemos acabado por constituir una especie de grupo. Son un poco más jóvenes que yo, pero salimos juntas y nos lo pasamos muy bien. Cuando estoy con ellas me siento muy a gusto conmigo misma. Supongo que es porque me siento integrada, me siento igual que las demás. Cuando do salgo con gente, pienso: «Esto es genial, me lo estoy pasando muy bien. Mi vida es así». A veces, salgo con amigas que tienen hijos y discuten con su pareja y pienso: «No, no me cambiaría por ellas».

Jacqui, *hablando de la importancia de tener un grupo de amigas solteras*

En la primera parte hemos visto los cambios que se producen en la amistad cuando rompemos con la pareja. Al empezar a asumir de nuevo la soltería, las amistades vuelven a cambiar.

Cuando nos separamos, cambiamos de campo. A un nivel elemental, obvio, ahora tenemos más cosas en común con otras mujeres solteras, con otras personas solteras, de lo que teníamos antes con otras parejas. Nuestros amigos y amigas que sí tienen pareja también lo saben. De repente, tienen menos cosas en común con nosotras. Y los sentimientos encontrados que este cambio en perspectiva genera pueden crear aguas turbulentas que deben abordarse con mucho tacto.

Las dos veces que he vuelto a la soltería tras mis dos matrimonios, he sentido como si diera un par de pasos hacia atrás. Aquí están ellos, lidiando con los problemas adultos de la convivencia, el matrimonio, la paternidad. Aquí estoy yo, otra vez con las citas y los besos en la escalera y decidiendo qué me pongo y la libertad –cosas que, no importa la edad que se tenga, siempre se ven como actitudes adolescentes–.

Hay dos aspectos primordiales que afectan las amistades en el mundo de la soltería: el comportamiento de los amigos en relación con nosotros y nuestro comportamiento en relación con ellos. A continuación doy algunas claves:

1. Emociones encontradas

Todo esto significa que nosotras y nuestros amigos casados (o en pareja) pueden vernos con una mezcla agridulce de envidia y lástima. Lia, peluquera de profesión, comenta que:

Me parece que algunos de mis amigos y amigas casadas son muy paternalistas y engreídos. La otra noche salí con dos de ellas y, cuando me fui a la barra a buscar las bebidas, oí que una le decía a la otra que le resultaría terrible regresar a casa y no tener a nadie esperándole. Me puse tan furiosa que casi le pego.

Sí, es cierto que nuestras amigas casadas pueden sentir lástima por nosotras. Pero también es posible que envidien secretamente nuestra existencia sofisticada, aventurera y libre. Parte del problema es que los dos campos –el nuestro y el suyo– representan para el otro aquello de lo que carece, y que tal vez eche de menos. Nuestras amigas casadas no pueden salir a bailar como locas cuando les apetece, besarse con cuatro hombres diferentes en una misma noche y acostarse a las cuatro de la madrugada. Al menos, no sin que al llegar a casa les sometan a un interrogatorio en tercer grado. Y nosotras, por nuestra parte, no podemos quedarnos tiradas en el sofá con nuestro hombre un viernes por la noche.

Lia no es soltera por decisión propia y, parte de su rabia por el comentario de su amiga procede en parte de la envidia. Ésa es la razón por la que a muchas personas solteras no les apetece nada la compañía de amigos que viven en pareja.

Como dice una soltera de 34 años:

Hace poco salí con varias parejas y, aunque fue una noche muy agradable, noté que al volver a casa me sentía algo deprimida, porque me había pasado la noche rodeada de parejas. En parte, creo que me sentía así porque pensaba que todos habían encontrado su media naranja, y que aquello era lo que yo también quería, pero no lo tenía, y me preguntaba por qué ellos sí y yo no; creo que me sentía como un bicho raro por no tener pareja a mi edad. Así que pro-

curo no asistir a ese tipo de veladas, porque no me hacen sentir bien.

Acabas pasando tu tiempo libre con personas que tienen un estilo de vida completamente distinto al tuyo, que tienen hijos, y te sientes un poco excluida. Así que, aunque no quiero dejar de ver a mis amigos y amigas con pareja y de hecho los veo, también necesito hacer cosas que me resultan más familiares y que me hacen sentir normal y no como un extraterrestre, o algo así.

El factor principal que marca una separación definitiva entre nosotras y nuestras amistades en pareja es el tema de los niños y el poderosísimo efecto que éstos tienen en la vida de las personas. Relacionarse con niños puede ser doloroso si nuestro reloj biológico va muy acelerado. Como confiesa Louise, que lleva siete años viviendo sola:

Lo he pasado mal cuando algunos de mis amigos han sido padres, porque para mí eso representa el compromiso absoluto. Significa que alguien ama a esa mujer lo bastante como para desear tener un bebé con ella, y ahí está, una prueba viviente, milagrosa, que constata ese hecho. Si yo por el momento no puedo ni salir con nadie, ¿cómo voy a plantearme el tema de la fertilización? Así que ver a los bebés siempre me pone un poco sensible y por eso me resulta difícil ir a ver a ciertos amigos.

Si son buenos amigos, amigos de verdad capaces de aceptar las cosas como son, confiarles nuestros sentimientos de envidia es una buena manera de hacerlos desaparecer. Nadie a quien hablemos con el corazón en la mano sobre la tristeza que sentimos en relación a algo que echamos de menos puede dejar de conmoverse.

2. Celestinas

A nadie le gusta tener la sensación de que, para los demás, su forma de vivir la vida «no está bien». Así que otro de los puntos más delicados entre las mujeres separadas y sus amigos casados puede ser su insistencia en devolvernos al mundo de la pareja. Como expresa Louise:

He mantenido buenas relaciones con varios de mis ex novios –hemos conservado una relación afectuosa. Así que siempre es algo difícil cuando son ellos los que vuelven a emparejarse–. No soporto que la gente se preocupe por mí. No soporto estar con mi ex y su nueva mujer, porque siempre intentan buscarme novio. Es como si dijeran: «Pobrecita Louise, ¿qué podemos hacer por ella?». Me dan ganas de decirles que se limiten a disfrutar de mi compañía cuando me invitan a cenar y que no intenten emparejarme, que ya soy mayorcita y sé hacerlo sola.

Otra posibilidad es que los amigos que viven en pareja nos vean como su conexión con un mundo de diversión que ya no les pertenece pero que recuerdan de sus años de solteros. Eso también puede ser todo un reto.

Creen que nos lo pasamos en grande por el hecho de estar solas, que siempre nos divertimos y vivimos aventuras emocionantes, cosa que a veces molesta porque es posible que en realidad nos sintamos algo inseguras y vulnerables.

Ésta es también la experiencia de Emily.

Te encuentras con gente que se siente muy incómoda en presencia de sus amigas solteras e intentan buscarte pareja. Es algo que, para una persona soltera, resulta muy irritante.

Es como si pensaran que por ti misma no eres nadie. Pero creo que las personas solteras deberían sentirse orgullosas porque nadie se despierta por la mañana y piensa, qué feliz me siento, todos deberían sentirse así de felices. Creo que es algo que nace de una especie de envidia.

No es necesario explicar a nuestros amigos casados todos los detalles de nuestros años de libertad, a menos que queramos.

3. Sentir la exclusión

Hay personas que viven tanto su vida de pareja que pueden llegar a excluir a sus amigos solteros haciéndoles sentir como parias. Como dice Leah:

Tenía amigos casados que, cuando me separé, empezaron a tratarme de otra manera. Tenía una amiga a la que conocía desde hacía muchos años, que nunca me invitaba a sus fiestas, pero sí invitaba a personas a las que apenas conocía, y aquello me dolía mucho. Era como si estuviéramos en los tiempos del Arca de Noé. Creo que la sociedad no le pone las cosas fáciles a las personas que viven solas.

Así que es posible que no nos inviten a reuniones de pareja o sí lo hagan y que nos sintamos como una pieza de recambio; puede ser que intenten buscarnos pareja con algún «caso perdido» y acabemos toda la noche sentadas como buhos a la espera de que alguien nos haga caso.

Pero lo peor que puede suceder, de todos modos, es que una de nuestras amigas solteras se pase al campo contrario y, como hacen esos futbolistas tan bien pagados que se cambian de equipo, finja que nunca ha tenido nada que ver con el grupo de las mujeres separadas.

Emily explica que:

Mi mejor amiga durante 18 años me tiró al cubo de la basura el mismo día en que conoció a un hombre. Fue increíble. Pasamos de llamarnos por teléfono cada día a no llamarnos nunca. Aquello fue muy desagradable. Yo me sentía tan mal. Tuve que hacer frente a una doble pérdida, porque, por una parte, no salía con nadie y ella sí y, por otra, ya no podía contar con ella. Cuando me comunicó que se casaba, me puse a llorar delante de ella. Su respuesta fue: «Emily, la gente se casa entre los veinte y los treinta». Aquel comentario me pareció muy soberbio y egoísta, porque hacía destacar aún más lo «anormal» de mi situación.

4. Mujeres que se portan mal

El mal comportamiento no es exclusivo sólo del bando de las casadas. Las que viven solas también son muy capaces de desarrollarlo.

Tras la experiencia expuesta arriba, Emily también actuó mal.

Cuando mi otra mejor amiga empezó a salir con alguien de la universidad, tuvimos una pelea monumental. Como ella salía con alguien y yo no, yo actuaba como si estuviera en deuda conmigo emocionalmente. Era como si, por el hecho de que era feliz, yo me creyera con derecho a ser mala, porque merecía la lástima de los demás. Conozco a muchas personas que actúan así. Conozco a una chica que ha estropeado su relación con su mejor amiga porque ahora ésta tiene novio. Sigue esperando que su amiga pase a recogerla y le lleve a alguna parte. Es como si pensara: «Ella lo tiene todo y yo no; me lo debe».

Es evidente que esto no pasa con todo el mundo. Tengo amigos que viven en pareja a los que adoro y con los que me gusta estar tanto como cuando estaba casada.

Pero a veces pasan cosas raras con las amistades y es bueno ser consciente de que pueden suceder. Porque, cuando vivimos solas, los problemas de amistad nos dejan con una sensación mayor de aislamiento. A veces ayuda saber que se trata de una experiencia frecuente, que no nos pasa sólo a nosotras.

¿Se está convirtiendo nuestra mejor amiga en sustituta de una pareja?

Puede ser que pasemos toda la energía que le dedicábamos a la pareja a la segunda cosa mejor que tenemos en la vida, nuestra mejor amiga. A veces descubrimos con sorpresa que nos ofendemos cuando ella no se comporta como un novio, o cuando empieza a salir con algún hombre. Si notas que tu relación con ella se está haciendo más tensa -tenemos rabietas, nos peleamos, aparecen los conflictos- pregúntate a ti misma si no será que recurres a ella para todo. No hay que olvidar que no hay nada malo en que haya algún conflicto, y que todo es cuestión de práctica en el ámbito de las relaciones. Las relaciones son algo que practicamos a diario, y que abarcan desde nuestro contacto con el cartero al vínculo que tenemos con nuestra madre. También hay que tener presente que no nos interesa expulsar a nuestra amiga de nuestra vida, en especial si es una buena amiga.

5. Crear un grupo de solteras

Si nuestra relación con amigos que tienen pareja ha empeorado, siempre existen compensaciones. Estamos entrando en un nuevo «club», el de «las solteras», en el que una parte integral de sus estatutos se basa en animarse y pasarlo bien.

La respuesta es, por tanto, crear un grupo de solteras.

Lo más probable es que, a estas alturas, ya hayas creado tu propia red de apoyo. Ya sabes quién está contigo y quién no. Además, también necesitas un grupo de solteras. Aunque sólo seáis dos. De todos modos, cuantas más mejor. Las mujeres que viven solas «cazan» en manada.

Una posibilidad es unirse a un grupo ya existente. En otros casos, deberemos crear uno propio.

Está claro que a veces hay que cambiar por completo nuestra vida social y dejar de pasarnos las noches del sábado sentadas en el sofá.

Es necesario hablar con otras mujeres separadas para que nos cuenten lo que se siente. Si no conoces a casi ninguna otra separada, puedes apuntarte a las noches de los solteros que se celebran en algunos bares, pero no sólo con el propósito de conocer hombres, sino de hacer amigas. Cuantas menos amigas tengas, más probable es que caigas en la falsa idea de que necesitas un hombre que dé sentido a tu vida.

Cuando vives sola, pasas más tiempo con tus amigas, y son muchas las mujeres separadas que manifiestan que ésta es una de las ventajas inesperadas de su nueva situación. Como Rachel, que asegura que:

En mi vida hubo sin duda un punto de inflexión cuando comprendí la importancia de las amigas. Me he dado cuenta de que había situado las relaciones con los hombres fuera de contexto, como si fueran las únicas capaces de darme lo que necesitaba. Por eso, antes, no todos los contactos con mujeres me parecían agradables y necesitaba estar en compañía de hombres para pasármelo bien. Ahora me parece que estar con mujeres es fantástico, porque estamos en la misma longitud de onda. Podemos hablar de la feminidad, de lo bien que nos llevamos sin estar compitiendo por los hombres. Ello me ha dado una sensación de identidad y pertenencia. En el mundo de los hombres, las mujeres sienten muchas veces que tienen que formar parte de ese mundo mediante un vínculo masculino. A mí me parece que existe un mundo femenino que siempre está presente. He encontrado mucho del apoyo emocional y la intimidad que busco en mis relaciones con amigas. Si existe una cadena de amigas, la relación con los hombres no es de tanta dependencia. Y eso hace que, de hecho, estemos en una posición más propicia para mantener relaciones con hombres.

Las ventajas de tener una amiga desastrosa en amores

Por otra parte, la última palabra sobre la amistad en el mundo de las solteras la tiene Ella, que reflexiona sobre las virtudes de tener una amiga cuya vida sentimental todavía sea peor que la nuestra:

Es importante tener una amiga que tenga una vida amorosa peor que la nuestra. Por más aprovechados que conozcamos, ella siempre conocerá más. Por más que engordemos, ella engordará más. Es alguien que nos hace pensar, «bueno, al menos mi vida no es tan mala como la suya».

De todos modos, es bueno tener presente que si pensamos así, si nos consuela que alguien esté peor que nosotras, es que no no estamos encantadas de estar solas. Más bien parece que estamos solas pero nos sentimos muy tristes.

Consejos para mejorar en la amistad

◆ Ten una actitud diferente cuando estés con amigos que viven en pareja. Si te sientes un poco ignorada, recuerda que se trata sólo de una noche. Jacqui aconseja:

Tal vez sólo nos afecta cuando vemos que lo que ellos tienen lo que nosotras queremos. Pero yo no siempre me permito pensar así, porque no tiene ningún sentido centrarme en lo que tengo. Es deprimente. Yo prefiero centrarme en lo que sí tengo.

◆ No olvides que no tienes que hacer nada que no quieras hacer ni ir a sitios donde no quieras ir. En una ocasión, se suponía que tenía que ir al bautizo del hijo de una amiga, pero no estaba de humor. La idea de tener que ir me estaba poniendo muy nerviosa, así que lo que hice fue llamar a mi amiga y explicarle exactamente cómo me sentía y preguntarle si le molestaría que fuera directamente a la fiesta sin asistir a la ceremonia. Por más cariño que les tenía, no me veía con ánimos de enfrentarme a una celebración tan llena de parejas. Mis amigos, por suerte, fueron encantadores y se mostraron muy comprensivos y yo me sentí mil veces mejor. Esta manera de expresar lo que queremos, y de obtenerlo, es una práctica muy buena en el difícil mundo de las relaciones interpersonales.

◆ Pasar ratos en compañía de niños es una cura excelente contra la tristeza. Piensa en cómo se siente la madre agobiada cuando te ve salir por la puerta en dirección a tu casa, donde te espera un baño caliente o una cita excitante, y ella tiene que quedarse a hacerles la cena a sus hijos.

◆ Se adulta y sigue repitiéndote a ti misma que ya llegará tu momento. Éstas son las circunstancias que ponen a prueba de verdad nuestro optimismo.

◆ Haz nuevos amigos, apúntate a un gimnasio, ve a un club de solteros y separados. El mito que afirma que los mejores amigos son los de toda la vida y que con los nuevos las cosas no son iguales es sólo eso, un mito. Todos cambiamos y, al hacerlo, conocemos a nuevas personas que responden a esos nuevos aspectos de nuestras vidas.

◆ Es bueno hacer las cosas con cierta regularidad. Por ejemplo, quedar todos los viernes con un grupo de amigas para ver nuestras series de televisión favoritas. Así, podemos saber de antemano que no nos pasaremos solas toda la semana.

◆ Toma la iniciativa. Sugiere cualquier sitio a donde ir con tus amigas.

♦ Se sincera con la gente. Diles lo que necesitas. Exagéralo si hace falta para que resulte más sencillo: «¡Mira, es que me hace mucha falta! (en referencia a la compañía, a un abrazo, a que te eche una mano cuando tienes que trasladarte de casa...) ¡Estoy desesperada!».

Ejercicio

Dibuja un círculo en tu diario. Anota en el exterior el nombre de los amigos que no te apoyan en tu condición de mujer sola. Anota en el interior el de los que sí te apoyan.
Ahora, ¿a cuáles vas a llamar?

Cuando Sally encontró a Harry: la alegría de tener un amigo

Recomiendo encarecidamente tener un amigo hombre. Pete fue para mí como una especie de novio de alquiler. Me introdujo en el concepto de volver a salir de noche y pasármelo bien sin preocuparme por lo que diría la gente. Parecía estar muy bien relacionado, y se las apañaba para tener acceso a todas las fiestas. Era un hedonista absoluto y, por suerte, conocía a un montón de hombres especiales que parecían positivamente impresionados con mi edad y mi experiencia (yo era algo mayor que la mayoría de ellos). Así que nos pasamos los siguientes dos años liándonos con nuestros respectivos amigos y amigas.

Ella, 26 años

Un escenario ideal para practicar en el mundo de las relaciones cuando no tenemos pareja estable es contar con un amigo.

Hay mujeres que, de manera natural, parecen tener un montón de amigos, otras descubren que no tienen ninguno –para ellas los hombres son, o bien figuras autoritarias, o bien compañeros de trabajo, o bien personas con las que se acuestan–.

Incluso en el caso de que tengamos amigos de sexo masculino, es posible que no les tratemos igual que a nuestras amigas. A veces la relación es más divertida, incluye cierta dosis de coqueteo o es más intelectual con ellos, pero normalmente carece del aspecto basado en el compartir las emociones.

Sin embargo, los hombres también las tienen. Y compartir los sentimientos con un hombre del que no nos enamoramos constituye un escenario maravilloso, exento de tensión, para practicar la autenticidad en una relación.

Ventajas

◆ Puede darnos una perspectiva masculina de lo que falló en nuestra anterior relación de pareja, decirnos por qué el hombre con el que estamos saliendo ahora no nos ha llamado por teléfono, explicarnos la razón de que siempre nos relacionemos con hombres atractivos, reservados, demasiado seguros de sí mismos, etcétera.

◆ Aprendemos más sobre la manera de pensar y de sentir de los hombres. Tal vez nos revele cosas que una pareja jamás nos diría.

Ignora ciertos consejos

No hagas caso de los amigos que te dicen lo que has de hacer. Muchas de las cosas que te dicen son reflejos de sus deseos.

● «Tú no necesitas a un hombre para nada...»
● «¿Cuándo vas a encontrar a un hombre que te haga feliz?»
● «¿Cómo que te lo has quitado de encima? ¡Pero si era genial!»

Aprende a hacer caso de tu propia sabiduría. Y, si cometes errores, no pasa nada. Es un error, y los errores son cosas de las que podemos sacar provechosas experiencias.

◆ Aprendemos a estar con un hombre en un contexto diferente, no-sexual. Ello puede ser de ayuda a la hora de dejar de comportarse de manera diferente, y en consecuencia, antinatural, cuando se está en presencia de los hombres, así como a la hora de abandonar una pauta de adicción sexual en relación al sexo masculino.

Leah obtuvo beneficios inmensos de su «amigo honorario»:

Íbamos juntos a la escuela nocturna, a la clase de dibujo del natural. No era muy amigo mío por aquel entonces, pero le comenté que quería matricularme en otra asignatura, y él me dijo que él también. Así que nos veíamos cada semana en clase. Luego él rompió con su novia y yo seguía sin salir con nadie, así que empezamos a relacionarnos con gente que hacía cosas. Con mis amigas, nos quedábamos casi siempre en casa charlando de nuestras cosas, pero él proponía que fuéramos a navegar con la barca de un amigo y cosas así.

Nos hicimos muy amigos. Antes, cuando no salía con nadie, siempre llenaba el hueco que me dejaba un novio con algún «hombre especial», por ejemplo un compañero de piso; o algún chico con el que siempre iba a todas partes. Eran una especie de sustitutos de un novio. Era mi manera de conseguir parte de lo que una recibe cuando tiene pareja. Pero con Jeremy las cosas eran distintas. Recuerdo haber pensado que «a él podía tratarle como a un hombre, algo que para mí significaba que era alguien a quien no podía tratar del mismo modo que a una mujer, ni colocarlo en la categoría de las mujeres. Pero me costó librarme de la idea de que, como era un hombre y por tanto un posible «candidato» –aunque no me gustara físicamente– siempre tendría que esforzarme por aparecer ante él como la mujer perfecta. La prueba de fuego se produjo en una ocasión en la que fui-

mos juntos de acampada. No me maquillé ni me lavé el pelo, y hasta oriné delante de él. Son cosas que con una amiga, ni te planteas. Fue un paso importante dejar de tratarlo como a un ser humano diferente, separado de las mujeres, para el que es necesario interpretar una actuación especial. Mi amistad con Jeremy me sirvió de práctica valiosa para aprender a ser más auténtica con los hombres.

De manera análoga, Therese habla de su amigo Sam: «Es maravilloso. He hablado mucho con él sobre mis problemas con los hombres y me ha ayudado mucho conocer un punto de vista masculino».

Es evidente que en estas relaciones el sexo puede enseñar sus orejas. Puedes descubrir que estás enamorándote de él (en cuyo caso, *véase* la página 244) o que es él quien se está enamorando de ti. Esto es lo que le pasó a Therese:

Sam y yo llevamos años siendo amigos y, cuando me separé, empezó a mostrarse un poco posesivo conmigo. Me llevó a una fiesta familiar y era evidente que no le había dicho a la gente que no era su novia. Así que me senté con él y le dije que me parecía adorable y que era muy importante en mi vida, pero que no teníamos futuro como pareja.

Quién sabe. Tal vez un día descubráis que, como en la famosa película *Cuando Harry encontró a Sally*, estáis destinados a estar juntos. A lo mejor no. Pero de todos modos los beneficios de esa amistad habrán sido enormes.

Trazar nuestros modelos

Cuando me puse a pensar en mi familia y en los mensajes que recibí mientras crecía, una de las cosas que me llamaron la atención fue que, en mi familia, una mujer que no viviera con un hombre se veía como una especie de bicho raro, como alguien a quien nadie quería. Así que yo crecí creyendo que una mujer debía estar con un hombre.

Como consecuencia de ello, en vez de intentar quitarme de la cabeza que me casara a los 18 años, mi padre me dijo que, como era su hija más joven, ya podía darse por satisfecho, pues su trabajo en la vida estaba cumplido.

Otra de las cosas que me sorprendieron de mi familia fue constatar que todas sus mujeres, antes que cualquier otra cosa, eran «cuidadoras». Una vez tenían alguien de quien cuidar, dejaban de trabajar. Por tanto, cada vez que una de mis relaciones de pareja terminaba, salía a buscar otra nueva, para tener alguien de quien cuidar. Aquel planteamiento siempre me llevaba a tropezar con hombres que requerían un gran esfuerzo y que no sabían cómo devolverme la inversión que hacía en ellos. Estaban demasiado necesitados como para que les sobrara algo que darme a mí. Ahora sé

> *buscar a alguien que también esté disponible cuando lo necesito y no me conformo con menos.*
>
> **Therese,** *en referencia a las cosas que descubrió al trazar los modelos de su propia vida*

Si quieres reponerte de verdad de una relación que ha terminado y sacar el mejor partido de tu nueva soltería, es fundamental que entiendas lo que fue mal en tus relaciones pasadas. Tanto si no has tenido ninguna todavía como si has tenido varias, e incluso si lo que acaba de terminar ha sido una relación positiva que sencillamente se fue diluyendo en el tiempo, siempre es posible aprender algo más de esas fascinantes criaturas que somos nosotras mismas.

Las relaciones son siempre las cosas de las que más aprendemos. Nos revelan mucha información sobre nuestra actitud respecto de nosotras mismas y los demás, sobre nuestros puntos fuertes y nuestras debilidades, nuestro nivel de autoestima. Y la información es poder. Una vez conseguimos ver las tendencias que tejen el tapiz de nuestra vida, podemos empezar a confeccionar con ellas el dibujo que más nos guste.

Una observación fría y objetiva de nuestros modelos de conducta nos ayuda a responsabilizarnos de nosotras mismas y de nuestra aportación a la dinámica de la pareja. A veces, al hacerlo, salen a la luz partes de nosotras mismas que estaban ocultas, y supone una ayuda extraordinaria a la hora de perdonar a nuestro ex y seguir adelante. En esto podemos ahorrarnos un montón en psicólogos, porque es una tarea que podemos hacer nosotras mismas.

Separarse es duro. A nadie le gustaría volver a tener que participar en esa prueba en los Juegos Olímpicos de la vida. La próxima vez –estoy segura de ello– preferiríamos correr la maratón de la pareja estable (en especial la que termina cuando uno de los dos participantes se derrumba a la edad de 103 años, y no cuando aún van por la mitad de la carrera) que la carrera de los 100 metros, seguidos de otra dosis de dolor.

Por suerte, se puede hacer algo en el presente para acercar el sueño de conseguir una relación de pareja afectiva, feliz y duradera, algo que además nos ayudará a sentirnos mejor con nosotras mismas a corto plazo.

Sólo hace falta realizar una pequeña investigación sobre los errores del pasado, para asegurarnos de no volver a cometerlos. Las siguientes preguntas contribuyen al tema crucial de la autoconciencia. Si somos conscientes de algo, podemos decidir si deseamos repetir las mismas pautas de nuevo o no. Pero si no lo somos, estamos condenadas a rebotar una y otra vez de desastre en desastre, como las bolas de acero de una máquina de *pinball* rebotan contra los topes de goma.

Lista de control de las anteriores relaciones

Utiliza estas preguntas para rastrear la historia sentimental. Es de gran ayuda anotar las respuestas en el diario de sentimientos. Si alguien odia escribir, siempre puede pensar en las respuestas y conversar sobre ellas con alguna amiga (o alguna persona de confianza).

Más adelante ya hablaremos del significado de algunas de esas respuestas...

◆ ¿Cómo era mi ex pareja?
  ¿Qué era lo que me resultaba más atractivo de él o ella?
  ¿Qué era lo que hacia el final ya no podía soportar?
◆ ¿Tienen mis ex parejas algo en común?
  En caso afirmativo, pensar en: los aspectos positivos (su encanto, belleza, diversión, amabilidad, generosidad, cualidades artísticas, inteligencia). Los aspectos negativos (su falta de serie-

dad, su poca disponibilidad, su adicción al trabajo, sus problemas con la bebida, su frialdad, su incapacidad para expresar sus emociones, su exceso de crítica, su agresividad, su indecisión).

◆ ¿Por qué terminó la relación?

¿Quién terminó?

¿Cuál fue el motivo?

¿Sostuve otra relación de pareja que terminara igual?

¿Me habría separado de todos modos?

¿Provoqué algún tipo de crisis para obtener lo que secretamente deseaba?

◆ ¿Cómo era yo en nuestra relación?

¿En qué medida contribuí a la separación? (Recuerda que esta información la buscamos para que nos sea de ayuda, no para usarla como arma contra nosotras mismas).

¿Hice alguna de las cosas siguientes?:

• Guardarme el enfado, que acabó convertido en rencor y que hizo que mi amor acabara muriendo.

• Enfadarme siempre, con lo que siempre le ponía a él en mi contra.

• Permitir que él me criticara o me humillara (en relación a mi cuerpo, mi inteligencia, mi personalidad, mi estilo de vida).

• Creer que mi pareja siempre debía tener razón –y actuar en consecuencia–.

• Soportar sus infidelidades.

• Ser infiel.

• Evitar la intimidad con él, negándome a compartir mis pensamientos y sentimientos más profundos con él.

• Ir siempre en busca de lo que haría que las cosas funcionaran.

• Centrarme en él y en sus deseos, en detrimento de mí misma y de lo que yo quería.

- Criticarle, reñirle.
- Hacer las cosas que él quería hacer, en detrimento de las que quería hacer yo.
- Ser siempre yo la primera en iniciar las manifestaciones de afecto.
- Ignorar las señales que indicaban que la relación no funcionaba.
- Sucumbir a adicciones como por ejemplo, comer o beber en exceso.
- O cualquier cosa que no me hiciera sentir bien respecto de mí misma o de él.

El objeto de este ejercicio es superar esa especie de negación de la realidad que consiste en creer que todo en nuestra relación de pareja era maravilloso; que nos ayude a entender que dos no se pelean si uno no quiere y a ver que somos las únicas que podemos conseguir que nuestra vida cambie.

- ◆ ¿Qué compensación obtuve en mi anterior relación o serie de relaciones?:
  - Estabilizarme y no tener que cambiar.
  - No tener que dejar de ser como una niña, conseguir que me cuidaran, ser dependiente de otras personas.
  - Satisfacer mi necesidad de ser necesitada ejerciendo de madre con él.
  - Satisfacer mi necesidad de sentirme superior gracias a su falta de responsabilidad.
  - Conseguir evitar mis problemas concentrándome en los suyos.
  - Conseguir una seguridad económica para mí y para mis hijos.
- ◆ ¿Qué dicen mis amigos o familiares sobre mis relaciones de pareja?

Pensemos en lo que nos han dicho nuestros amigos y familiares sobre nuestra relación pasada o nuestra serie de relaciones. Hay que tener presente que algunas de las cosas que nos han podido decir caen en la categoría de «proyecciones», es decir, creencias propias y opiniones sobre lo que ellos creen que debería ser nuestra vida. Pero, por otra parte, son las personas que nos conocen mejor, y sería una tontería no tener en cuenta cualquier tema que se vaya repitiendo. Los comentarios más dignos de tener en cuenta son aquellos que más nos irritan, porque son los que suelen contener semillas de verdad que nos negamos a ver (no debemos preocuparnos; ¡ellos no tienen que saber que en el fondo tenían razón!).

◆ ¿Era como un padre para mí? ¿O como una madre? ¿O como una hermana, una tía, mi profesor favorito, mi primer amor?

Aquí podemos psicoanalizarnos un poquito a nosotras mismas. Nos ahorraremos mucho tiempo de psicólogo (por no hablar de dinero) si nos damos cuenta de que hay tendencias que repetimos en nuestras relaciones de pareja y que proceden de los modelos que vimos mientras crecíamos (como se verá más adelante).

◆ ¿Cómo era nuestra vida sexual?
  • ¿Alguno de los dos perdió el interés?
  • ¿Pasamos por dificultades, como la impotencia por su parte o la falta de lubricación por la mía?
  • ¿Estaba uno de los dos más interesado que el otro?
  • ¿Cuándo empezaron las dificultades, o es que los problemas sexuales ya aparecieron desde el principio?

Nuestra vida sexual suele ser un termómetro muy preciso para medir la salud de una relación sentimental. Los problemas y los conflictos suelen manifestarse antes en ese ámbito que en cualquier otro. De todas maneras, a veces, una relación sexual muy satisfactoria puede ser una manera de mantener cierto tipo de intimidad cuando todo los demás se está yendo a pique.

La ciencia dice

La historia de las relaciones tiene tendencia a repetirse. Solemos atraer siempre al mismo tipo de persona. A eso lo denominamos un «patrón de relación».

Hay ciertas pautas en las que las mujeres caen siempre cuando se trata de hombres. Si se trata de pautas positivas –que siempre escojan a hombres que las amen, las aprecien y las traten como a princesas– no hay ningún problema. Pero son los patrones negativos los que nos sumen en la infelicidad.

Los patrones negativos más comunes son los siguientes:

◆ Enamorarse de hombres inalcanzables –fríos, distantes, posiblemente centrados exclusivamente en otras actividades, como el trabajo–.

◆ O de chicos jovencitos que no se responsabilizan de nada y a los que acabamos haciendo de madres.

◆ O de figuras paternales que nos sobreprotegen, por lo que acabamos sintiéndonos aprisionadas.

◆ O de hombres que suponen un reto –porque no están disponibles o cuestan mucho de convencer, por lo que acabamos agotadas intentando mantener una relación con ellos–.

◆ O de los que necesitan «ser rescatados», porque son inútiles, demasiado tímidos, un desastre con el dinero...

◆ De los que necesitan «salvar» a los demás, y que por tanto son geniales en momentos de crisis, pero luego intentan controlarnos diciéndonos lo que tenemos que hacer.

◆ De hombres dominantes –mandones, controladores, que no nos dejan vivir nuestra propia vida–.

◆ De adictos –a la bebida, a las drogas, al sexo, a cualquier sustancia, o incluso al trabajo–.

◆ De hombres que maltratan –verbal, física o sexualmente–.

◆ De hombres que le tienen fobia al compromiso –adoran a las mujeres, desean desesperadamente mantener una relación con ellas, pero no se deciden–.

◆ De hombres violentos.

¿Era tu amante como tu padre?

¿Y eso que tiene que ver? Mucho. Son muchos los indicios que apuntan al hecho de que los patrones familiares se repiten. Freud fue el primero que afirmó que las primeras experiencias infantiles en el seno de la familia tienen gran influencia en la totalidad de la vida posterior. Desde entonces, por más que se muestren en desacuerdo con él en otros aspectos, los psicólogos admiten que en este punto tenía razón.

Aprendemos de relaciones en las rodillas de papá y mamá. Y desde ese desigual punto de visión, nuestros padres nos parecen dioses. Damos por sentado que tienen razón, porque nosotros no conocemos nada y ellos parecen ser todopoderosos. Así que es de ellos de quien aprendemos lo que es el «amor». De nuestro padre aprendemos cómo son los hombres; de nuestra madre, cómo se relacionan las mujeres con ellos. Tal vez nuestro padre en concreto sea un tímido incorregible y nuestra madre no sea la más prototípica de las madres, pero eso nosotras no lo sabemos. Todo lo que vivimos se filtra a nuestro inconsciente y se guarda en el archivo en que pone «amor». Es obvio que si, por ejemplo, lo que a nosotras nos aparece como amor es algo en realidad frío y duro, iremos siempre en pos de amantes fríos y duros.

Las personas que crecen en hogares felices y seguros llenos de amor y de afecto y en los que a los niños se les permite ser ellos mismos son afortunadas. El resto de nosotras tenemos, como dicen los psicólogos, «aspectos» que tratar en relación a nuestro pasado familiar.

Mi ejemplo personal da una idea de la naturaleza de esos «asuntos».

Durante toda mi infancia, mi padre me ignoró. Nunca en mi vida fui de vacaciones con él, nunca fui al parque ni a jugar a pelota con él; nunca me ayudó con los deberes ni me arropó en la cama. Comía en una habitación aparte, excepto en algunas ocasiones en las que teníamos comidas familiares dramáticas en las que se sentaba de espaldas a mí, como si estuviera castigado, y se levantaba en cuanto terminaba. De hecho, al marcharse yo respiraba de alivio. Mi táctica, el mecanismo de defensa que había desarrollado para enfrentarme a aquello, era ignorarle a él. Completamente. Ahora ya soy mayor. Me doy cuenta de que mi padre sufría de depresión clínica. Su propia infancia había sido terrible. Su padre, alcohólico, le pegaba y le encerraba en los armarios. Él intentó ser lo más diferente posible a su padre. Y lo consiguió. Nunca bebía. Y en vez de la atención no deseada que implica la violencia, lo que él hacía era no prestarme ninguna atención.

Cuando me fui de casa, a los 17 años, creía que había llegado sana y salva a la edad adulta. Pero me equivocaba.

He analizado mis propios patrones y he visto que los efectos de tener un padre que me ignoraba han sido profundos. Me he sentido fatalmente atraída por hombres que no nunca se entregaban del todo. Casi todos eran adictos al trabajo –como mi padre–. No hay duda de que en todos los casos había cierto componente de reto, un arduo trabajo por mi

*parte para captar su atención. Pero no siempre lo conse-
guía. Hasta hace poco, la idea de convivir con un hombre
amable y dispuesto me parecía aburridísima. El hombre
con quien me casé en segundas nupcias era más parecido a
mi padre que ningún otro. Era como si no ya pudiera soportar volver a enamorarme de un hombre como mi padre. Por
eso, en aquella ocasión hubo una diferencia. Yo no me sentía bien. Sabía que me merecía algo mejor y que podría
librarme y, con suerte, de todo el patrón. Finalmente, lo
conseguí, tras uno veinte años de pelearme con ello.
Mantener una relación sana con un padre es algo importante para una niña. Sin ella, tal vez se le esté condenando
a buscarla en todo tipo de relaciones inadecuadas.*

Mi historia es bastante típica de mujeres que han tenido una
infancia desgraciada por algún motivo. Si crecemos teniendo problemas en nuestras relaciones más elementales, nos parece un
cuchillo de doble filo con dos consecuencias que probablemente
afectarán nuestras relaciones de pareja cuando seamos adultas:

Nos vemos atraídas por personas que se parecen a nuestros padres o hermanos

No sé por qué será, pero prácticamente todas mis relaciones
serias de pareja han sido con hombres cuyo signo zodiacal era
Libra. Libras morenos, de prominentes pómulos. Y sí, mi primera relación seria, hace ya unos 20 años, fue con un Libra more-
no de prominentes pómulos, tan guapo que casi no podía resistir arrojarme en sus brazos y besarle.

Pero por desgracia esos mismos Libras han mostrado siempre
una marcada tendencia a ser emocionalmente fríos y distantes.
Iguales que mi padre.

Los psicólogos dicen que, desde una edad muy temprana, trazamos «mapas amorosos». Que nuestras experiencias pasadas con la gente que nos ha querido (e incluso con la que no nos ha querido) nos «empujan a crear una especie de retrato robot de la persona que nos resulta atractiva. Las cualidades de estos mapas amorosos no son sólo físicas sino también emocionales y psicológicas.

Los mapas amorosos residen en nuestro subconsciente. No es que nos digamos, deliberadamente, «ahora voy a ir a por un hombre emocionalmente inaccesible, un conductor temerario, loco por el fútbol y de pelo en pecho». Pero no deja de ser curioso que en una habitación llena de gente nos fijemos en un perfecto desconocido y resulte que, al conocerle, tenga el pecho peludo, se vuelva loco por el fútbol y por la velocidad. Luego, al pensar un poco en nuestro padre, hermano o vecino de toda la vida, detectamos algunas características en común. Por ejemplo, que a nuestro padre también le fascinaban los coches y el fútbol.

Pero éstos son ejemplos tontos. Los nuestros podrán ser más sutiles. Pero la idea es la misma. Y, una vez considerados nuestros propios patrones psicológicos. (¿Qué cosas positivas sacaba yo de esa relación?), vemos qué nos queda. Eso destacará algunas necesidades a las que podremos atender mientras estemos solas. Como me dijo un experto en relaciones de pareja: «Puede que tu compañero no sea tu tipo. El que hace que tu corazón palpite, que los ojos se te pongan en blanco y que te tiemblen las piernas –el que activa tu mapa amoroso– puede no ser aquel con quien pases el resto de tu vida en armonía y felicidad».

Repetimos constantemente los patrones porque intentamos curar traumas del pasado

Es como si nuestro subconsciente pensara de la siguiente manera: «Si consigo que este tipo desagradable y crítico me ame, tal vez eso compense el hecho de que mi padre, desagradable y crítico, nunca me amara y al menos conseguiré lo que estoy buscando». El único problema es que los hombres desagradables y críticos siguen siendo lo que son –desagradables y críticos– y nosotras volvemos a quedarnos con el corazón destrozado.

Ello explicaría por qué hay mujeres que se criaron en hogares en los que uno o sus dos progenitores eran alcohólicos, que tienen una tendencia trágica a emparejarse con hombres alcohólicos; por qué mujeres a las que sus padres pegaban de niñas tienden a gravitar alrededor de hombres que acaban pegándoles. La psicología emplea el término «compulsión de repetición» para referirse a ese hábito de recreación de la dinámica experimentada con un padre o madre difíciles. Así que vale la pena preguntarse:

- ¿Cómo era mi relación con mi padre?
- ¿Cómo era mi relación con mi madre?
- ¿Cómo era mi relación con mis hermanos y hermanas?
- ¿He tenido experiencias pasadas que influyan en mis relaciones presentes de manera negativa?
- ¿Qué siento en relación con los hombres?
- Estoy desarrollando una compulsión de repetición? En caso afirmativo, ¿cuál es?

Es importante darse cuenta de si la última relación que hemos mantenido ha supuesto una mejora respecto de las anteriores o un paso atrás por una escalera resbaladiza. Si lo que a nosotras nos van son los tipos atractivos pero nada buenos, debemos plantearnos si el último ha ido más o menos en esa línea que los anteriores. Si ha habido mejora, ¡enhorabuena!; si no, bueno, *c'est la vie*. La vida tiene la costumbre de hacer que ciertas cosas de las que debemos percatarnos crezcan cada vez más hasta que ya no podemos ignorar por más tiempo lo que tenemos delante de nuestras propias narices. Ánimo y a volver a intentarlo.

Cuestionar las creencias

Yo siempre tuve la creencia muy arraigada de que era fea y tonta y que no era deseable ni digna de ser amada. Y tuve que descubrir de verdad eso que dice todo el mundo sobre que hay que amarse primero a una misma. Es sólo desde que he empezado a creer más en mí, de una manera deliberada, que ha mejorado la opinión que tengo de mí misma. Es bastante difícil quererse una misma, a menos que al mismo tiempo una empiece a encontrar su camino. Es difícil librarse de las cadenas. En mi caso, matricularme en Bellas Artes me ayudó a romper esa creencia. No sólo iba en busca de satisfacción y de la aprobación de los demás, de alguna manera también quería conseguirlas de mí misma. El proceso artístico se basa en gran medida en sacar a la luz lo que una lleva dentro.

Leah, *hablando de las ventajas de cuestionar las creencias negativas*

Una pregunta más que vale la pena que nos hagamos es: ¿Qué mensajes recibí mientras creía por parte de mi familia, mi entorno, la sociedad, incluso de las películas, los programas de televisión, las revistas, con respecto al amor y a las relaciones de pareja?

Tal como ilustra el testimonio de Therese, que se iniciaba en el capítulo anterior, los mensajes familiares tienen una gran fuerza. No pensemos sólo en cómo se comportaban nuestros padres, sino en lo que nos decían.

Mi madre soportó un matrimonio difícil, agotador, destructivo que sólo acabó con la muerte de mi padre, momento en que ella floreció. No separarse de él había sido una decisión y una prerrogativa suyas. A mí aquello me envió un mensaje no hablado, inconsciente, que me decía que tener una relación de pareja es mejor que no tener ninguna (que quede claro que mi intención ahora no es echarle a mi madre la culpa de nada, sino simplemente ilustrar cómo recabamos información que nos ayudará a crear un futuro más feliz).

Las repercusiones de asumir un mensaje así han sido, en mi caso: en primer lugar, haber pasado gran parte de mi vida adulta en pareja; en segundo lugar, que cuando acababa separándome porque las relaciones no funcionaban, me sentía muy asustada; en tercer lugar, que para mí es un gran reto no vivir con nadie, aunque sepa que necesito estar sola. No es que esté orgullosa de todo esto, pero me resulta más fácil ser amable conmigo misma cuando recuerdo que estoy lidiando con un patrón familiar antiguo y poderoso.

A medida que vivimos nuestra vida cotidiana, ese archivo en nuestro subconsciente en el que guardamos lo relacionado con el «amor» crece cada vez más y se actualiza constantemente. Se va llenando desde una edad muy temprana de cuentos de hadas con final feliz, cosa que en muchos casos se contradice abiertamente con lo que sabemos del amor a partir del divorcio de nuestros padres. Se llena con lo que vemos que el «amor» significa para nuestros padres, abuelos, amigos de nuestros padres. Va creciendo cuando empezamos a besar a los chicos, cuando tenemos los primeros desengaños y cuando le rompemos el corazón a alguien.

A continuación expongo un ejercicio para abrir ese archivo y echar un vistazo a su contenido, hasta lo más profundo, hasta llegar a esa madeja polvorienta que reposa en el fondo del cajón y que empezó a enredarse hace ya muchos años, pero que aún es capaz de actuar como un poderoso tirano que nos impide la felicidad: la que se compone de nuestras creencias más profundas.

Ejercicio

Haz una lista de las creencias sobre las relaciones de pareja con las que crecimos. Para hacerlo, comenta las frases que aparecen a continuación. Son afirmaciones que ilustran el sistema de creencias con el que actuamos en nuestra vida cotidiana. Algunos ejemplos:

- Todos los hombres son unos cabrones.
- Las demás mujeres no son de fiar.
- Una no puede confiar ni en su sombra.
- Al final, todos se marchan.
- Estar casada es fundamental.
- Cuando me case, seré feliz.
- Sola no puedo ser feliz.
- Es mejor pasar un sábado por la noche acompañada de alguien horrible que estar sola.
- Debo contar con la atención constante y total de alguien para creer que ese alguien me quiere.
- Si alguien te quiere, entonces no desea pasar ratos con otras personas.
- Mi aspecto físico debe ser siempre impecable para que un hombre me quiera.

- Nadie me amará si descubre cómo soy en realidad.
- Sólo estaré bien si alguien me ama.
- Yo sola no podría salir adelante.
- Soy responsable de los sentimientos de los demás.
- Sin un hombre no soy nada.
- El sexo y el amor son lo mismo.
- Básicamente soy una persona incompetente e incapaz, y necesito a alguien que cuide de mí.
- Los hombres siempre deberían ganar más dinero que las mujeres.
- No merezco que me amen de la manera en que me gustaría ser amada.
- Soy un desastre con los hombres.
- Siempre debo hacer las cosas bien y no cometer ningún error.
- Lo que hacen los demás es de vital importancia para mí y debo hacer los esfuerzos que haga falta para convertir a la gente en lo que yo quiero que sea.

También hay que pensar en el comportamiento de nuestros padres y en cómo algunas de sus creencias se manifestaban en nuestra presencia. Resulta útil hablar con ellos, pues las creencias básicas de las personas suelen salir a la luz en su discurso sin que se den cuenta. Comentarios del tipo: «Es que es un hombre; los hombres son como niños» dan a entender que todos los hombres son inmaduros, incompetentes y que las mujeres son superiores.

Al realizar este rastreo de las creencias siempre descubrimos que hay algunas perfectamente defendibles y positivas, por ejemplo la que afirma que a todas las personas hay que tratarlas con respeto. Pero algunas son, cuando menos, discutibles, y otras directamente perjudiciales.

- Mis creencias en relación a los hombres son...
- Mis creencias en relación a las mujeres son...
- El mensaje que mi madre me ha transmitido de los hombres es...
- El mensaje que mi padre me ha transmitido de los hombres es...
- El mensaje que mi padre me ha transmitido de las mujeres es...
- El mensaje que mi madre me ha transmitido de las mujeres es...
- El mensaje que mis padres me han transmitido sobre el sexo es...
- El mensaje que mis padres me han transmitido sobre el amor es...
- Las creencias que tienden a proporcionarme mis experiencias infantiles en relación a los hombres y el amor son...
- Las creencias que tienden a proporcionarme mis experiencias adolescentes respecto a los hombres, el amor y el sexo son...
- Las creencias que tienden a proporcionarme mis experiencias adultas en relación con los hombres, el amor y el sexo son...

Luego tendremos que pensar en nuestros abuelos, padres adoptivos, hermanos, tías, tíos, profesores, amigos importantes, niñeras... ¿Qué nos decían ellos del amor, de los hombres, de las mujeres, de las relaciones de pareja?

Intentemos identificar una creencia básica que parezca más firme que las demás, o que represente muchas de nuestras actitudes. Acto seguido, hagámonos la pregunta fundamental:

¿Qué ganamos manteniendo esa creencia?

Por ejemplo, Mary creció en una familia en la que nunca se hablaba de sexo si no era para hacerlo en términos peyorativos (así lo hacía tanto su padre como su madre). Así que desde pequeña recibió el mensaje de que el sexo era algo sucio y equivocado. Aquello se tradujo en una creencia: El sexo es malo, y si lo deseo, yo también soy mala.

Por sostener Mary esta creencia nunca ha llegado a mantener una relación afectiva seria y duradera, y nunca se ha abandonado a uno de los aspectos más deliciosos y atractivos de la vida.

Hay que tener siempre presente que la información que
vamos descubriendo sirve sencillamente para ayudarnos a enten-
dernos a nosotras mismas, no para mortificarnos más.

Las creencias, una vez desenmascaradas, pueden cambiarse.
Para cada creencia negativa que descubramos, buscaremos otra
positiva que pueda serle equivalente. Por ejemplo:

Todos los hombres son unos cabrones

Decido no creérmelo más. Prefiero creer que los hombres son
esencialmente buenos.

Soy un desastre con los hombres

Decido no creérmelo más. Prefiero creer que mis relaciones de
pareja mejoran cada vez más.

Y así sucesivamente. Una vez empezamos a hacer esto, contamos con un arma muy poderosa: la de la afirmación. Al repetir estas frases una y otra vez, podemos conseguir emprender
acciones que propicien los cambios que deseamos para nuestra
vida. Los repetiremos en el autobús, en el baño, a la hora de
comer –hasta que se alojen en el archivo del amor de nuestro
subconsciente y sustituyan a las viejas creencias que se pudren
en su interior–. Consejos para crear afirmaciones:

◆ Hacerlas en tiempo presente, como si lo que deseáramos ya
  fuera realidad. Así, no diremos «Un día conseguiré una relación de pareja sana y feliz», sino «Estoy creando una relación
  de pareja sana y feliz».
◆ Acentuar lo positivo; eliminar lo negativo. Así, no diremos:
  «Ya no me siento atraída por hombres inaccesibles», sino
  «Me siento atraída por hombres amables y cariñosos».
◆ Repetirlas una y otra vez, apuntarlas en un papel y clavarlo en
  una pared del dormitorio, grabarlas en un casete y ponerlo en
  el coche, mientras conducimos.

◆ Condensar todas las afirmaciones específicas sobre lo que deseamos conseguir con esta versión general que invita a dejar atrás el pasado: «Me libero de todas mis creencias negativas».

La pregunta del millón: ¿Qué me dice todo esto sobre mi autoestima?

Empecé a ir a un consejero y aquello me dio el apoyo que necesitaba para construir mi nivel de autoestima, que antes me faltaba. Lo había mantenido bien oculto, pero la verdad es que se me manifestaba en cosas aparentemente sin conexión, por ejemplo, haciendo tanto ejercicio que acababa rompiéndome la rodilla, o trabajando mucho para obtener el aprecio de los demás, pero acabando agotada. Y siempre salía con hombres que no se preocupaban por mí. Cada vez más me sentía al borde de un abismo. Notaba que me iba desmoronando poco a poco y que en cualquier momento podía derrumbarme.

En las sesiones a las que empecé a asistir, al empezar a prestar atención a mis relaciones con mis padres y hermanos dejé de salir con ese tipo de hombres. Antes, en mi fase de soltería, había salido una temporada breve con un hombre alcohólico, como mi padre; luego, con un chico mucho más joven que incluso físicamente se parecía a mi hermano pequeño; luego tuve un par de aventuras de una noche con un tipo clavadito a mi hermana ex drogadicta. Es curioso constatar que siempre intentamos curar las relaciones que nunca funcionaron en las historias sentimentales del presente. Pero cuando me dí cuenta de lo que estaba haciendo, como por arte de magia conocí a una persona sincera y buena.

Elaine, *26 años,*

hablando de sus patrones sentimentales

Hoy en día se habla de la autoestima en todas partes, y con razón. Se trata de algo básico, fundamental. No es una de esas modas pasajeras de las que dentro de cinco años ya nadie se acordará. Al igual que los productos ecológicos y las pastillas de calcio, el respeto por el valor de una misma es algo bueno, tanto ahora como en el futuro.

Así que debemos preguntarnos cómo andamos nosotras de autoestima. Tal vez no le vendría mal una puesta a punto. De lo que se trata, básicamente, es de saber hasta qué punto nos valoramos a nosotras mismas. Si, en el fondo, creemos que no somos gran cosa –no somos bonitas, ni inteligentes, de algún modo no somos dignas de ser amadas– a nuestra autoestima no le vendría mal una inyección de moral. No estamos solas. Todo el mundo tiene niveles cambiantes de autoestima. Incluso personas con fama, fortuna y todo lo demás sienten a menudo en lo más profundo de su ser que son un fraude como personas y que alguien, algún día, se dará cuenta.

De la misma manera, no podemos pretender que los demás nos valoren si no lo hacemos nosotras mismas. Nunca compraríamos un refresco de una marca que se anunciara así: «Este refresco es una porquería, lo hacemos con basura y ni nos molestamos en venderlo, así que se lo regalamos a quien lo pida». Compramos los refrescos de la marca que dice: «Éste es el auténtico refresco, lo demás son imitaciones». Lo mismo que se aplica a los refrescos, puede aplicarse a nosotras.

Cuando nos comportamos como si no valiéramos gran cosa, hacemos que los demás nos traten como si, en efecto, no valiéramos gran cosa.

La autoestima es una cosa curiosa; podemos tenerla en gran cantidad respecto de ciertas áreas de nuestra vida y puede faltarnos del todo en otras. Como en el caso de Therese. Es una de las asesoras financieras más importantes de Gran Bretaña y cobra una fortuna por ayudar a las grandes empresas a solucionar sus problemas. Pero su inseguridad en relación con los hombres ha sido enorme. Podía ser imponente en las salas de juntas pero empequeñecer en la cama. Desde que conoció a su primer marido, a los 16 años, se ha enamorado de hombres inaccesibles y distantes a los que se ha entregado en cuerpo y alma en la esperanza de «demostrar» que era digna de ser amada. A la edad de 39 años, tras dos años de nueva soltería, a Therese le detectaron un bulto en el pecho. Afortunadamente, era benigno. Y las repercusiones de ese hecho, más afortunadas todavía.

Therese recuerda:

Hubo algo en aquel tumor en el pecho que me hizo darme cuenta de hasta qué punto había aceptado recibir tan poco de los hombres; de hasta qué punto había pertenecido al bando de los que dan. Ahora sé que voy a seguir viviendo sola hasta que encuentre a alguien que me valore tanto como ya me valoro yo.

¡Merecemos algo mejor!

Síntomas de baja autoestima en las relaciones de pareja:

- Ceder.
- Aguantar.
- No pedir.
- Pedir lo imposible.
- Negar.
- Excusarse o poner excusas.
- Quejarse (si la cosa estuviera tan mal y creyéramos de verdad que nos merecemos algo mejor, ya nos habríamos separado).
- Etcétera, etcétera.

Ahora es el momento de preguntarnos:

- Si realmente me quisiera a mí misma, si me valorara y me respetara de verdad, ¿habría aguantado todo esto?
- Si fuera mi mejor amiga, ¿qué me diría a mí misma?

Instrumentos para mejorar la autoestima

- Afirmaciones.
- Negarse a las relaciones negativas.
- Asumir riesgos emocionales (pedir lo que queremos, hablar con nuestros amigos sobre lo que no nos gusta...).
- Nutrirnos nosotras mismas.
- Vivir solas y llevar las riendas de nuestra propia vida.
- La independencia y el control que pueden derivarse del hecho de estar solas.

Lo bueno, lo maravilloso, es que las mujeres que llevan cierto tiempo viviendo solas notan que su nivel de autoestima aumenta y que los viejos patrones, negativos e inútiles, se dejan atrás (revisa las citas del principio del capítulo 8).

Cuidado con las etiquetas

Existe la tendencia, al hacer los ejercicios del mapa amoroso, de poner etiquetas a todo. Así, se acaba cayendo en el síndrome de la catalogación excesiva («Siempre acabo liada con cabrones», «Siempre...»). No todos los hombres son unos cabrones. No todos los cabrones son unos cabrones. Como dice Susan Jeffers en su inteligente libro *Opening Our Hearts to Men (Sincerarnos con los hombres)*, «No podemos echar las culpa a los hombres por pasarnos por encima, sólo podemos constatar que nosotras no pensamos movernos de donde estamos».

Esta obra trata sencillamente de hacer que nuestro nivel de autoestima aumente, y no pretende actuar como combustible de una crítica dirigida a nosotras mismas o a los hombres. Si escogemos a uno, es por algo.

Seguro que hay un montón de regalos que hemos recibido de nuestra anterior pareja. Incluso en el caso de que fuera una relación terrible, tal vez eso mismo ofrecía una cierta sensación de familiaridad. Toda la información que podamos obtener nos será útil para evitar que ciertas cosas sucedan en una próxima ocasión.

¡Cambiemos algo ahora mismo!

Todo lo dicho hasta ahora queda en mera palabrería si no empezamos a poner algunas cosas en práctica. Al hacerlo, conseguimos cambiar nuestra vida de verdad. Siempre hay maneras de practicar, aunque no se tenga pareja.

Tomemos la información extraída del trazado del mapa amoroso y procedamos por pasos. No hay que decidir, por ejemplo, que nunca más permitiremos que nadie se aproveche de nosotras, porque la personalidad de cada una es algo que no cambia de la noche a la mañana. Es mejor empezar con pequeños cambios, por ejemplo diciendo que no a un compañero de trabajo que siempre nos pide favores, negándonos a que se aproveche de nosotras. Porque, si nos damos cuenta de que en nuestras relaciones de pareja no nos hacíamos respetar y no intentábamos obtener lo que nos hacía falta, es probable que en otro tipo de relaciones hagamos lo mismo. Así que es bueno empezar haciéndonos valer ante nuestros familiares y amigos íntimos. Si solíamos ceder demasiado rápido, es bueno que practiquemos ser más firmes, en el trabajo, en nuestra vida social, con nuestra familia. Si perdíamos los nervios con demasiada frecuencia, intentemos respirar hondo y contar hasta diez la próxima vez que alguien nos ponga nerviosas. Como Ariana, quien afirma:

Después de separarme de John, algunas de mis amigas me dijeron que no daban crédito a lo controlador que era. Y me daba cuenta de que yo tenía parte de culpa en ello, porque nunca le pedía lo que quería y siempre hacíamos las cosas que él quería hacer. Así que creo que no me respetaba, que pasaba por encima de mí. Y yo se lo permitía. Con mis amigas, empecé a pensar: ¿Qué es lo que quiero hacer de verdad? Y lo decía: Quiero hacer esto o aquello. Dejé de decir la típica frase: No me importa, lo que tú prefieras. Con sólo aquel pequeño cambio, empecé a sentirme mucho mejor. Mejor conmigo misma, más feliz. Ahora sé que no volveré a cometer ese tipo de error nunca más.

Cualquier pequeño progreso en este sentido nos hace sentir fuertes y más felices con nosotras mismas. Día a día, llevamos nuestra autoestima a una cota más alta, con lo que disminuyen las probabilidades de aguantar relaciones de pareja que no nos apoyan y aumentan las de sentirnos atraídas en el futuro por hombres más atentos.

Enfrentarse a los malos momentos

Si tengo energía, me siento bien. Lo peor es cuando no tengo mucha energía. Empiezo a pensar: ¿Es esto lo que me espera toda la vida? Y me siento víctima y me compadezco a mí misma. Si estoy muy deprimida y me encuentro mal, pienso en el hecho de estar sola y me pregunto si eso va a ser siempre así, y por qué me ha tocado a mí, y me digo que me quedaré sola para siempre porque ya tengo cierta edad y todos los hombres de mi edad ya tienen pareja. He pasado años enteros sin conocer a nadie. Me parecía que no había nadie que mereciera la pena a mi alrededor. Mis amigos de sexo masculino se disculpan a veces por la manera de ser de los hombres en general. Me dicen que no les extraña que viva sola, dado el nivel de los hombres de hoy en día. Yo miro a mi alrededor y no puedo menos que estar de acuerdo. Y pienso: ¿para qué molestarme? Ha habido ocasiones en que he deseado tener tendencias lesbianas, porque las mujeres son mucho más interesantes, pero el caso es que no las tengo. Muchas veces, en esos momentos, percibo que estoy premenstrual o de que hay alguna razón especial para estar deprimida, que no durará mucho.

Louise, *soltera de larga duración*

A veces me resulta difícil cuando me acuesto. Me pongo a pensar: Aquí estoy otra vez, qué fastidio. Son los momentos en los que más me importa, cuando estoy ahí estirada. No me gusta. Me pasan pensamientos lastimeros por la cabeza. Cuando paso por algún momento difícil de mi vida, a veces pienso que ya estoy cansada de pasar por estas cosas yo sola.

María

Hay momentos en los que me siento cansada, o no estoy bien, y lo único que quiero es que tumbarme en el sofá, poner un vídeo y verlo con alguien. Contactar con gente cuando se es soltera implica un esfuerzo considerable. También echo de menos el aspecto sexual, la intimidad física. El deseo se desvanece un poco, y eso me pone algo triste en cierto modo, es como si se adormeciera.

Rachel

Recuerdo una época en la que acababa de romper con un chico irlandés con el que había salido un tiempo. Llegaba a casa y pensaba: «No quiero hacer nada. Sólo sentarme y vegetar». Aquello no me gustaba. Pero tampoco me apetecía hacer nada más. Me resistía a llamarle, y tenía que quedarme allí, triste y sola. Y ese tipo de soledad es la peor. Ahora no tengo problemas con el hecho de estar sola, pero es algo que pasa por fases. El otro día, en el supermercado, había una mujer que tenía algún problema, estaba tendida y gritaba de dolor y un hombre junto a ella, en el suelo, y me puso muy triste, de verdad, ver a aquella mujer llorando *y siendo consolada. Pensé: Dios mío, si fuera yo la que estuviera allí, ¿quién sabría que me había desmayado? El tema de la edad, de la enfermedad, son cosas que me asustan un poco. Y no quiero vivirlas sola.*

Lynsey

Vamos avanzando correctamente. De hecho, pensamos que las cosas nos van bastante bien. Y, de pronto, como si explotara una bomba, volvemos a caer. Nos metemos en la cama, solas, y de pronto empapamos la almohada de lágrimas, porque el anhelo de sentir el calor de otro cuerpo (que no sea el del gato) es demasiado imperioso.

A veces la tristeza se desencadena por algún suceso concreto, por ejemplo encontrarnos a nuestro ex por casualidad un día en que nosotras estamos resfriadas y él está bronceado. O el día en que una amiga se casa. O cuando nuestra abuela nos pregunta si aún no hemos conocido a nadie. O cuando llega la época del año en que él se marchó y una parte antigua de nuestro cerebro se pone a recrear recuerdos de lo horrible que fue todo aquello. O cuando enfermamos, o tenemos problemas en el trabajo y la idea de tener que pasar por todo ello solas nos desespera y nos deprime.

En mi caso, pensaba que las cosas me estaban yendo bastante bien, cinco meses después de la separación. Tenía mucho trabajo, salía mucho, creía que lo peor ya había pasado. Entonces una amiga me invitó a su boda y aquella fecha empezó a pesarme como una amenaza. Ese día me desperté sintiéndome muy indispuesta y estuve horas llorando. Creí que nunca conseguiría volver a un estado mínimamente presentable, pero estaba encargada de ayudarle con el vestido, así que no me quedaba más remedio que ir. Se casaba con un hombre maravilloso, divertido y responsable que adoraba hasta el suelo que ella pisaba.

Pero, por más maravilloso que fuera su novio y por más que yo me alegrara por ella, me pasé todo el día sintiendo unos aguijonazos en el corazón –todo el mundo estaba feliz, sonreía, veía a su esposo tan guapo y contento, a ella tan radiante y admirada–. No sé cómo, pero sobreviví a aquel día, llegué a casa y lloré un rato más. Pero, después de varios días con ataques de llanto, aquella sensación me abandonó tan de repente como había llegado.

Es muy posible que todas pasemos por estos períodos de depresión que pueden durar horas, días, algunas semanas. A Jane le duró un año:

> *Me abandonaron, y me encerré en casa durante todo un año. Me sentaba en casa, escuchando la radio, grabando canciones que me gustaban y confeccionando cintas con ellas. Necesitaba hacerlo.*
>
> *Me dí cuenta de que uno de mis grandes miedos era que me abandonaran y al quedarme sola vi claramente que estaba totalmente condicionada a pensar que aquello que me pasaba era un fracaso. Que, de alguna manera, había quedado excluida de la mayoría social. Decidí enfrentarme a mi soledad, en vez de evitarla saliendo por ahí sólo para relacionarme con alguien, independientemente de si la relación me resultara satisfactoria o no. Me encerré con mi energía, en lugar de esparcirla por los bares de la zona. Lentamente, mi vida se fue orientando hacia lo que es hoy, un millón de veces mejor.*

A Jane le hizo falta un año entero (pero no hay que asustarse ni pensar que cuando nuestro ánimo decae ya no se recuperará en doce meses).

A veces se trata sólo de momentos. Como en el caso de Louise, en el capítulo 10, yo tengo con frecuencia momentos de debilidad cuando veo a una mujer embarazada o a mujeres con bebés, y pienso que alguien las ha querido lo bastante como para tener hijos con ellas. Los bebés son símbolos del compromiso máximo.

Mi amiga Laura dice:

A veces me siento frente al televisor y pienso que mi vida ha terminado, que soy una vieja ajada a la que nadie quiere. Pero luego me recompongo, salgo, tengo una aventura y me siento mucho mejor.

Esos momentos malos son como golpes de tristeza que afloran a la superficie y, como diría mi abuela, es mejor que salgan que no que se queden dentro.

Casi siempre, detrás de uno de esos momentos, se esconde algo de miedo.

Jacqui convivió durante semanas con el temor de no encontrar pareja nunca más:

Durante una época, me sentía tan aterrada ante la idea de que mi oportunidad de tener hijos hubiera pasado que me ponía a llorar hasta cuando veía borreguitos en el campo. Creo que todos nuestros miedos y preocupaciones deben vivir en nuestra cabeza por un tiempo mientras nuestro subconsciente los va trabajando.

No recuerdo en qué momento se me empezó a pasar el nerviosismo por no tener hijos o el miedo por no volver a encontrar pareja. Es algo por lo que es muy necesario pasar. Y descubrí que eran cosas que seguían su curso y un día me dí cuenta de que ya no me preocupaban.

A veces, los momentos malos llegan simplemente cuando estamos hartas de estar solas. Como dice Louise:

Cuando estoy harta paso por períodos a lo que he bautizado como «fatiga de recursos». Sí. Sé que soy una mujer de recursos. Hago todas las cosas de la casa –monto estanterías y todas esas cosas–. Hasta voy a las casas de mis ex novios a ponerles las estanterías a ellos. Pero a veces me canso de ser tan eficiente y pienso que sería mejor dejar de ser tan autosuficiente por una vez en la vida, dejarme caer un poco y tener a alguien al lado que me cuide.

Algunos consejos

Ser amables con nosotras mismas. Seguramente, durante estos momentos bajos, necesitaremos cuidados especiales, aunque es precisamente durante estos momentos cuando menos parecemos dedicarnos a nosotras mismas.

Contarle a alguien cómo nos sentimos. Realizar cierta planificación emocional. Asegurarnos de que no vamos a estar solas en días clave, como los cumpleaños, la Navidad, el día de san Valentín... Ello implica planificar el apoyo.

De la misma manera, si vivimos solas, debemos asegurarnos de mantenernos muy activas en los días festivos y las vacaciones de Pascua. Los seres humanos no están hechos para vivir aislados y el aislamiento sólo hace que nos sintamos peor.

Tener en cuenta que los días malos son inevitables –pero tenerlos no implica estar cayendo en una interminable depresión–.

Prestar atención a nuestra manera de tratarnos a nosotras mismas; a veces sólo conseguimos que las cosas empeoren. Si es así, vuelve al capítulo 4.

Evitar ser catastrofistas. El catastrofismo suele revelar miedo o tristeza. Investigar el miedo que se oculta tras la tristeza.

Recurrir a afirmaciones y mantener el pensamiento positivo.

Es bueno que nos toquen y nos acaricien. Podemos ir a que nos den un masaje o pedirle a algún amigo que nos abrace.

¿Es amor? ¿Es añoranza?

A veces, las mujeres que viven solas pueden verse asaltadas por períodos de un anhelo indefinible. En esas ocasiones no les cuesta mucho creer que si tuvieran un hombre en sus vidas, esa sensación desaparecería. También son momentos propicios para caer en la tentación de pensar que no sentirían así si aún estuvieran con su pareja.

Pero no siempre sería así. A veces no sentimos amor por nuestro ex, sino añoranza. Añoranza de algo distinto, algo que no está a nuestro alcance. Se trata de algo muy comprensible, especialmente en los momentos malos, en los que nos resulta muy triste estar solas. Anhelamos que llegue algo que nos libere de ese dolor. Pero con frecuencia lo que nos libera del dolor es precisamente pasar por él.

A mí me ha asaltado esa añoranza en varias ocasiones y sé que es algo muy fuerte. Me acuerdo de cuando finalmente conseguí un trabajo por el que había luchado mucho. Una parte de mí estaba entusiasmada, pero aun así, cada mañana, cuando iba a trabajar, no podía evitar preguntarme: «¿Por qué no estoy aún satisfecha? ¿Por qué tengo esta opresión en el pecho? ¿Por qué este vacío en el estómago?». Me alivió mucho que Bob Geldorf, el cantante, publicara su libro *Is this it?* (¿Eso es todo?). Pensé: «Vaya, a él también le pasa. Fama, adulación internacional, reputación de buena persona, y sigue sin sentirse satisfecho. Gracias a Dios no soy yo sola».

En la actualidad he llegado a conocerla y a valorarla por lo que es: la añoranza es el anhelo de algo que no tengo. El anhelo por algo mágico que venga hasta mí y arregle mi vida. A veces eso se parece al amor, o a la nostalgia, o a la sensación que nos queda después de ver «un dramón» en el cine.

La esencia misma del anhelo es la imposibilidad de definirlo. A veces es la añoranza por un amor perdido, por un

amor que parecemos no poder encontrar o por la bendita irres-
ponsabilidad de la infancia. A veces es la sensación de no estar
viviendo la vida que deberíamos, de no alcanzar nuestra meta
en la vida. A veces adopta la forma –como manifiesta una persona que ha sentido mucho este tipo de añoranza– del deseo
de otros climas. Hasta el diccionario tiene problemas para definir el anhelo: *Desear vehementemente*, dice la definición. Pero
si buscamos desear, una de las acepciones nos devuelve donde
estábamos: Anhelar que acontezca o deje de acontecer algún
suceso.

Leah se ha convertido en una experta en este tipo de anhelo
a través de una serie de relaciones desastrosas:

> *Desde el momento en que empecé a enamorarme seriamen-*
> *te, empecé a hacerlo de hombres emocionalmente inaccesi-*
> *bles. Tenía una imagen a la que adorar, porque simboliza-*
> *ban todo lo que yo quería de la vida y no podía tener*
> *porque nunca estaban cuando los necesitaba; o estaban*
> *borrachos, o me eran infieles o lo que fuera. Así que creía*
> *que el amor era en realidad anhelo. Y, por supuesto, cuan-*
> *do me separaba de ellos aún lo sentía con más fuerza.*

Finalmente, llegó a comprender lo que subyacía en el fondo
de su anhelo.

> *De niña, estaba muy unida a mi padre. Era como mi*
> *mejor amigo, mi hermano, mi compañero inseparable. Le*
> *quería con locura. Pero cuando tenía 11 años, desapare-*
> *ció. Y yo empecé a añorarle intensamente. A echarle de*
> *menos desde lo más profundo de mi ser. Sin ser conscien-*
> *te, que empecé a enamorarme de hombres inaccesibles,*
> *porque así volvía a sentir aquel anhelo, aquella añoran-*
> *za, cosa que, por más extraño que parezca, me volvía a*

conectar con mi padre. Aquel anhelo fue lo que acabé identificando con él.

Simultáneamente, Joanne experimentaba el amor como una «intensa nostalgia» de nada en concreto:

Lo sentía así especialmente cuando era adolescente y un poco después. Notaba como un vacío en la boca del estómago, una especie de tristeza, un deseo vago. Quería estudiar, tener una vida emocionante, pero a veces me asaltaba la timidez, la inseguridad y el miedo. La nostalgia me atenazaba especialmente en aquellos momentos. Pensaba que me gustaría retroceder en el tiempo y vivir en épocas remotas, en algún período histórico que hubiera visto en alguna película y que me parecía mucho menos complicado para una mujer que el siglo XX, tan lleno de libertades, por una parte, pero igualmente repleto de exigencias por otra.

No me resigno a pensar que somos tres bichos raros con propensión a la tristeza. Las tres somos profesionales de éxito que vivimos una vida plena en nuestra sociedad. Y, siempre que hablo de este tipo de anhelo, mucha gente se siente identificada con lo que digo, en especial las mujeres. ¿Es un aspecto perverso de la condición humana –o femenina– estar siempre deseando aquello que no se puede tener?

Lynda Field es psicoterapeuta y escritora y ha dedicado parte de su tiempo a investigar el anhelo. Cree que a las mujeres les seduce más el «estado amoroso» que los hombres propiamente. Lynda asegura:

La palabra anhelo me trae a la mente de inmediato a una mujer languideciendo en su chaise-longue esperando a que llegue un hombre y le solucione la vida. Y creo sinceramen-

te que las mujeres desarrollan más este sentimiento. Ante cualquier situación que nos descoloca, las mujeres siempre nos encerramos en nuestro interior tratando de encontrar emociones y de entender en qué nos hemos equivocado, cosa que no hace más que alimentar el anhelo.

Esta teoría del anhelo explicaría porqué cuando obtenemos (o no obtenemos) aquello que queríamos, siempre seguimos anhelando algo. Lynda explica que:

Nuestro mayor anhelo, el más profundo, es el que persigue lo que los psicólogos denominan la «realización personal». El llegar a la plenitud, a la totalidad, Y ello opera a tres niveles: cuerpo, mente y alma. Haciendo un símil, es como si intentáramos alcanzar una alimentación espiritual y de vez en cuando nos desviáramos para comer «comida rápida». Nos desviamos a través de nuestras adicciones –relaciones que sabemos de antemano que no funcionarán, trabajo, sustancias que no son buenas para nuestra salud– en busca de emociones y descargas de adrenalina. Vamos en busca del gran alimento: llegar a estar en paz con nosotras mismas y con nuestro mundo, pero de vez en cuando sucumbimos a la tentación y picamos algo. De todas maneras, eso no llena el gran anhelo que sentimos dentro, así que la sensación perdura.

Además, su teoría explicaría por qué cuando nos obsesionamos, por ejemplo, con el hecho de perder peso, en la creencia de que una vez logrado ese objetivo nuestro anhelo y nuestra insatisfacción desaparecerán y finalmente llegamos a perderlo, no nos sentimos felices. Como dice Lynda:

Podemos concentrarnos en algo y, simplemente, satisfacer una necesidad a un nivel, que en el caso de la dieta sería físico. Pero hay que llegar a los tres niveles. Yo he tenido tres hijos y eso tampoco es la solución. Pero todas esas cosas que nos hacen sentir mejor respecto de nosotras mismas mitigan una parte del anhelo. Son como un lote que nos ayuda a ser más equilibradas, siempre y cuando busquemos cosas que satisfagan el cuerpo, la mente y el alma.

Muchas de nosotras hemos pasado por experiencias infantiles de problemas y abandono emocional, cosa que ha contribuido a crear un vacío en nuestro interior que necesita ser llenado, como en el caso de Leah, nacido del abandono de su padre. Al aprender a satisfacer nuestras necesidades internas, bloqueamos el anhelo que, con el paso de los años, va aflojando su presión.

En mi caso, mi anhelo ha disminuido bastante desde que trabajo en algo que me gusta y con lo que me siento plenamente realizada –algo que el «trabajo de mis sueños» nunca consiguió–. Leah ha ahuyentado su anhelo haciéndose más consciente de sus patrones sentimentales con los hombres y modificándolos poco a poco, consiguiendo relacionarse con hombres que no le recuerdan a su padre.

Y Joanne, que anhelaba vivir en otras épocas, ha dejado atrás su añoranza desarrollándose como persona y viviendo plenamente en el tiempo que le ha tocado vivir. Como ella misma dice:

Creo que mi nostalgia tenía que ver con el hecho de debatirme entre la seguridad de la infancia y el miedo a todos los cambios de la edad adulta, a la nueva responsabilidad y a la necesidad de ganarme la vida por mí misma, a conocer a un hombre, a encontrar piso y trabajo y todas esas cosas que dan tanto miedo. Ahora lo siento mucho menos porque tengo algunas de las cosas que deseo en la vida y he hecho algunas de las cosas que quería hacer, como conocer a gente famosa, porque les he conocido y me parece que imponen menos temor de lo que parece.

No es que a ninguna de las tres ya no nos asalten de vez en cuando anhelos absurdos. Pero yo, al menos, estoy menos atada a ese sentimiento y, cuando lo tengo, me dura menos que antes. De manera parecida, Leah asegura que:

Este verano estaba de vacaciones y mi novio vino a visitarme unos días. Cuando o se montó en el ferry para marcharse y me despedí de él, noté que me invadía una oleada de añoranza. Pero al menos ahora la entiendo y pienso aquí está de nuevo el anhelo. Pero hay una parte de mí que ve lo que hago desde fuera.

Lynda Field también cree que la clave para llegar a controlar este anhelo es «desdoblarnos» cuando sentimos su embestida:

A veces, para qué engañarnos, está muy bien sentir esa especie de añoranza durante un período breve. No pasa nada por vivir una experiencia de anhelo –salir con alguien inapropiado, llenarse de comida rápida– pero debemos ser conscientes de lo que hacemos. Dar un paso hacia fuera y observarnos a nosotras mismas: así será más fácil salir de esa añoranza. Normalmente, cuando nos quedamos atrapadas es porque no somos conscientes de lo que estamos haciendo. Pero si lo somos, si sabemos que vamos a meternos un ratito en el espeso bosque del anhelo, nos resultará más fácil encontrar el camino de vuelta.

Cuando nos alejamos un poco del anhelo, empezamos a controlarlo, en vez de dejar que sea él el que nos controle a nosotras. Empezamos a valorarlo en su justa medida –es como un viejo amigo que viene a visitarnos para decirnos que aun hay metas que debemos alcanzar, necesidades que satisfacer–. Así que, aunque el anhelo no se vaya del todo, sí puede convertirse en visitante ocasional. Y puede ser un placer agridulce pasar un rato con él, desde luego es mejor que tener que convivir siempre con él, porque nos chupa la energía, nos vuelve locas.

Resolver los asuntos domésticos

Decidí que tenía que aprender a ser «el hombre». Me quedé arruinada cuando mi novio me dejó, así que tuve que contratar al fontanero más barato, al cerrajero más barato. Luego a mi coche le dio por estropearse, así que tuve que comprarme otro, yo solita, y conseguir la mejor ganga del mercado. Acabé con un Seat Panda de color púrpura, y cada vez que me monto siento una punzada de emoción, porque fui yo quien lo escogió y lo compró. Tuve que esforzarme por no sentirme asustada ni insegura ante este tipo de cosas.

Leah, *en referencia a uno de los aspectos más irritantes de la soltería*

Vivir sola no es sólo tener que enfrentarse al reloj biológico cuando no hay «biología». También es estar sola en casa cuando se funden los plomos y no nos acordamos de dónde está la caja. Y, además, ¿qué son los plomos?

El mundo está compuesto por dos tipos de personas, sea cual sea su sexo: los que solucionan sin problemas todos los aspectos prácticos de la vida cotidiana y los que no saben ni colgar un cuadro. Si tiendes hacia el segundo de estos dos extremos, a continuación damos un listado que te resultará útil.

La expresión «No puedo» nos deja sumidas en una gran impotencia. Porque, además, sí que podemos. Y una vez aprendemos a resolver esas cosas de tipo práctico con nuestras propias manos, la sensación de satisfacción es inmensa.

¿Me estafan los mecánicos?

- Los clubes de asistencia al automovilista, como el RACE o AA, trabajan con «talleres recomendados». (Además, es una buena idea apuntarte a uno de esos clubes, porque cuando el coche se te estropea puedes evitar el estatus de «mujer inútil» solicitando asistencia desde el teléfono móvil).
- Anota en un papel todos los problemas y ruidos del coche antes de ir al mecánico. No intentes expresarte con un lenguaje técnico y limítate a describirlos.
- Haz muchas preguntas. Pídele al mecánico que sea concreto sobre las reparaciones y que te las escriba y especifique en un papel.
- Pide presupuestos en varios talleres y asegúrate de que incluyan el IVA. Si los presupuestos se hacen por escrito, entonces los talleres están legalmente obligados a realizar las reparaciones al precio estipulado (los presupuestos verbales no son vinculantes).
- Si puedes permitírtelo, es bueno ir a un concesionario oficial de la marca de tu coche. Como su trabajo está autorizado por los fabricantes, deben proporcionar un servicio de calidad. Mi taller Rover lo lleva una mujer, circunstancia que me da una gran confianza.
- Recuerda que hay que ir al taller con la actitud de que eres la clienta y ellos están allí para servirte.

◆ Si es la primera vez que lo haces y no sabes muy bien cómo actuar, puedes pedirle a uno de tus nuevos amigos que te acompañe.

¿Es peligroso vivir sola?

No, si nuestra casa es segura. Y, de todos modos, el robo en los domicilios suele suceder entre las dos y las cuatro de la tarde, cuando la mayoría de la gente está trabajando. No obstante, no conviene correr riesgos innecesarios...

◆ Evita comprar o alquilar plantas bajas o sótanos, porque están más expuestos.
◆ Asegúrate de que hay buenos cierres en todas las puertas y ventanas. Lo más probable es que el seguro del hogar lo exija de todos modos.
◆ Más del 60% de los hogares carece de cerraduras en las ventanas, y los ladrones entran por ellas.
◆ Asegúrate de disponer de buenas cerraduras en las puertas. Se trata de sistemas que incorporan un número de seguridad. Las copias de las llaves sólo se hacen si se muestra el código secreto en algún cerrajero autorizado.
◆ Deja sólo las llaves de casa a personas de máxima confianza.
◆ Instala luces disuasorias automáticas –sistemas que se activan con sensores y que se encienden cuando alguien se acerca, para que parezca que hay alguien en casa–.
◆ Conserva alguna relación con los vecinos, para que éstos sepan cuándo estás en casa y cuándo no.
◆ Pídele a un amigo de sexo masculino que te grabe el mensaje del contestador. Si no, al menos no dejes nunca mensajes en los que diga explícitamente que va a estar fuera dos semanas.

- Interrumpe cualquier servicio de entrega a domicilio cuando estés de vacaciones o fuera de la casa por cualquier motivo, y pídele a alguien de confianza que te recoja la correspondencia para evitar que se amontone junto a la puerta o en el buzón, levantando sospechas.
- Instala temporizadores que activan las luces cuando no estamos en casa. Deja la radio o la televisión encendidas cuando salgas, para que parezca que hay alguien.
- Tranquiliza tener un teléfono en la mesilla de noche del dormitorio (¡Y un martillo debajo del colchón!).

¿Qué hacer si se va la luz?

¿O si hay goteras? ¿O si se estropea el calentador? O si las puertas se caen? Sí, las crisis domésticas son irritantes, pero podemos superarlas.

- Llama a las asociaciones gremiales correspondientes para que te faciliten listas de empresas serias cercanas a tu zona de residencia. Si quieres verificar si una empresa está o no en la lista, la mayoría de asociaciones dan normalmente la información por teléfono.
- Compañía de gas.
- Compañías eléctricas.
- Constructoras.
- Pide a amigos y vecinos que nos recomienden fontaneros, albañiles, electricistas, etcétera.
- Asegúrate de obtener un plazo de finalización de las obras antes de empezar, por más insignificante que parezca la reparación. Es algo que puede ayudarte a establecer la duración de la obra, los materiales que se van a necesitar y el coste aproximado de la mano de obra para cada reparación.

- No pagues nunca por adelantado –paga la factura en partes y usa cualquier pago retenido como arma para asegurate de que los problemas que puedan haber surgido serán solucionados–.

- No aceptes tarifas diarias o basadas en tiempo, porque así se trabaja despacio para cobrar más. Es mejor que el presupuesto se haga en función de la totalidad de la obra.

- Si no quedas satisfecha con el resultado, informa a la empresa en cuestión, llevando todos los papeles y exponiendo metódicamente la situación.

- Si esto no surte efecto, llama a alguna asociación gremial (muchas de ellas tienen servicio de conciliación).

- Si así no se soluciona el caso, siempre puedes llevar a la empresa contratada a un juicio rápido. Muchas veces, hacer saber a la empresa que pensamos denunciarles de verdad basta para que, como por arte de magia, las cosas se solucionen al momento. Las asociaciones de consumidores y las de atención al ciudadano resultan muy útiles en este tipo de situaciones.

¿Y si tengo problemas con el dinero?

Ahora que la mayoría de nosotras ganamos nuestro propio dinero, sabemos más qué hacer con él. Con todo, las mujeres se preocupan más que los hombres por llevar bien sus finanzas, a pesar de que sus probabilidades de arruinarse son cinco veces menores que las de aquellos.

- Los asesores financieros se ganan la vida ayudando a los demás a sacar el mejor partido de su dinero; no está de más pedir a nuestros amigos que nos recomienden uno. También podemos encontrarlos en las páginas amarillas. Siempre es mejor contar con un asesor independiente (alguien que no

esté obligado a intentar vendernos alguno de sus productos
financieros). Deberemos pedirle referencias, averiguar qué
tipo de formación y preparación tiene, con qué experiencia
cuenta y cuántos clientes tiene.

◆ Hablar con tres o cuatro asesores para comparar cifras y con‐
sejos; si lo que uno nos dice difiere mucho de la opinión de
los demás, preguntar por qué.

◆ Concertar una cita con el director de nuestra sucursal ban‐
caria. La mayoría de bancos tienen ya algún asesor financie‐
ro. Es recomendable hablar con ellos antes de meterse en un
lío y, si ya estamos metidas en uno, al menos se mostrarán
más comprensivos.

◆ No dejar de hacer preguntas hasta que entendamos lo que
nos dicen. Se trata de nuestro dinero.

◆ Tal vez lo que queramos sea pedir un préstamo para amplia‐
ción de estudios o formación académica. Las opciones finan‐
cieras que existen en el mercado son más amplias de lo que a
veces creemos. Si no las conocemos, no podremos benefi‐
ciarnos de ellas.

◆ Es importante, hablando de economía, asegurarse una pen‐
sión. Las mujeres jóvenes suelen ser muy descuidadas con
este tema.

◆ Leer las páginas de economía de los periódicos. Algunos son
más especializados que otros, pero siempre se encuentra algu‐
no en el que no hace falta ser economista para entenderlas.

¿Y si no me alcanza el dinero?

Nos dicen tantas veces que la vida es más barata en pareja
que en solitario que tendemos a asustarnos cuando nos queda‐
mos solas. Existen estudios recientes que demuestran que esa
idea es falsa. En parte, este mito se debe a que las parejas pasan

más tiempo en casa, mientras que los solteros pasan más tiempo en los bares, invitando a sus novios/ o novias. Aún así, se puede ahorrar en muchas cosas:

◆ Hay empresas que ofrecen pólizas de seguros más baratas a mujeres conductoras que no comparten su coche con ningún hombre (porque las mujeres tienen menos accidentes y hacen menos reclamaciones).

◆ Las bonificaciones en las pólizas del hogar son más baratas si se posee la mitad de cosas, ya que éstas se calculan sobre la base del volumen de las posesiones.

¿Puedo ir segura por la calle?

Existen estadísticas oficiales que muestran que a los hombres les atracan más que a las mujeres. Un hombre de una edad comprendida entre los 16 y los 29 años tiene una probabilidad de ser atacado por un desconocido cuatro veces mayor que una mujer en la misma franja de edad. Las probabilidades de que una mujer de treinta años sufra un ataque aleatorio alcanzan el 0,5%. De todos modos, no es necesario que te expongas a ningún riesgo.

◆ No dejes de entrar en un bar si crees que te siguen por miedo a parecer maleducada o paranoica.

◆ Confia en nuestro sexto sentido, en nuestro instinto. Las mujeres que han sido víctimas de ataques suelen afirmar que «algo» les decía que les estaban siguiendo.

◆ Una amiga o un grupo de amigas ofrecen tanta protección como un hombre.

◆ Evita los metros solitarios, las callejuelas oscuras y los atajos por la noche, aunque vayas con un hombre.

- Los «asaltadores de coches» son oportunistas; no es que vayan en nuestra búsqueda. Pero guardando precauciones como conducir con las puertas y las ventanas cerradas (incluida la del techo), estarás a salvo.
- Inscríbete en algún club de automovilistas que dé prioridad a las mujeres solas en caso de avería.
- Cómprate un teléfono móvil para poder llamar, cuando sea necesario, pidiendo ayuda desde el interior del vehículo (con las puertas cerradas).

Las 25 reglas de las buenas solteras

1. No salimos con hombres que no valgan la pena sólo para evitar estar solas.
2. No hacemos nada que no queramos hacer.
3. No vamos a una fiesta aunque estemos enfermas o cansadas sólo porque «él tal vez esté ahí» o porque «el príncipe azul tal vez esté ahí».
4. No nos asustamos pensando en la posibilidad de no volver a encontrar pareja nunca más.
5. Pedimos ayuda y apoyo cuando estemos bajas de moral.
6. No nos criticamos a nosotras mismas por errores del pasado.
7. No nos obsesionamos pensando en lo maravilloso que era nuestro ex. O en lo horrible que era.
8. Los hombres de otras mujeres están prohibidos, aunque sean ellos los que nos vayan detrás.
9. No nos interesan las personas que nos ocupan tiempo, energía y atención y nunca dan nada a cambio.
10. Somos capaces de usar la taladradora, pintar las puertas, decorar la casa. O de pagar a alguien que sepa hacerlo.
11. Nos sabemos cuidar, lo que implica comer bien y con regularidad, y mimarnos cuando lo necesitemos.

12. Sabemos mantenernos seguras, incluyendo la práctica del sexo seguro y excluyendo cualquier cosa que sea físicamente arriesgada.

13. Sabemos que un hombre que miente, engaña, roba o pega a una mujer una vez, siempre le mentirá, engañará, robará o maltratará.

14. Aceptamos que en la vida, el amor y la amistad a veces las cosas salen mal, y cuando salen mal nos alejamos y seguimos adelante.

15. Nuestros sentimientos son importantes.

16. Nosotras somos importantes.

17. Sabemos que podemos tomar nuestras propias decisiones y asumir las consecuencias.

18. Podemos salir adelante económicamente sin la ayuda de un hombre.

19. Podemos pasar solas un sábado por la noche sin subirnos por las paredes.

20. No consentimos que, ahora que nos hemos separado, nuestros padres vuelvan a tratarnos como a niñas pequeñas.

21. Disfrutamos de nuestra propia compañía.

22. Si nuestros amigos intentan emparejarnos con hombres horribles no nos sentimos culpables ni obligadas a responder positivamente.

23. La expresión «no se me dan bien los hombres o las relaciones» nunca sale de nuestros labios.

24. No nos permitimos denostar a los hombres, por más tentador que parezca.

25. No hay reglas. Si nos apetece mantener una relación sexual en el primer encuentro, lo hacemos.

El sexo y la mujer soltera

Casi toda mi vida estuve con alguien, hasta que Richard y yo nos separamos cuando yo tenía 33 años. Y la verdad es que nunca me había masturbado, porque siempre había tenido novio. Tras mi separación de Richard, cayó en mis manos una revista que era algo así como Playgirl pero para mujeres y, como en aquella época trabajaba en revistas, la compré. En la última página había un montón de anuncios de consoladores. Pedí que me enviaran un paquete marrón lleno de ellos, que pagué contra reembolso, con tarjeta de crédito, y me lo pasé maravillosamente con mi propio cuerpo. La llegada de aquel paquete fue una gran revolución. En realidad, sólo había encargado cosas muy baratas fabricadas en Hong Kong y todos los objetos empezaron a romperse al cabo de un minuto de empezar a usarlos. Pero aquello fue parte de la gracia. Y no me sentí ni sucia ni degenerada, fue como una celebración. No me pareció que fuera algo triste, algo que hacía porque no tenía nadie con quien acostarme. Era más bien la sensación de tener el tiempo y el espacio suficientes como para disfrutar de mí misma.

Era verano, las ventanas estaban abiertas y me lo pasé en grande. Tanto fue así que cuando se me rompieron, me fui a una tienda y me compré un vibrador de verdad.

Ahora me encanta hacer el amor con mi novio y también me gusta mucho tener una relación sexual conmigo misma; para mí son dos cosas diferentes. Si soy sincera, no sabría decir cuál de las dos prácticas me parece mejor. Sólo sé que son diferentes y que de ambas obtengo algo.

Leah, *en referencia a las delicias del sexo consigo misma*

De la misma manera que es difícil amar a alguien si no nos amamos primero a nosotras mismas, es casi imposible tener una relación sexual satisfactoria a menos que conozcamos nuestro propio cuerpo. Para educar a quien sea sobre lo que nos gusta en la cama, debemos conocer los placeres secretos de nuestro propio cuerpo –lo que nos excita, lo que nos gusta y lo que nos desagrada, lo que nos lleva al éxtasis, lo que da en el clavo y lo pasa de largo–.

Éste es un momento excelente para practicar. Y, mientras tanto, estaremos poniendo en práctica la ley sexual que dice «si no se practica, se pierde». Todas las mujeres con las que he hablado y que llevaban bastante tiempo separadas me han dicho que el deseo se va desvaneciendo progresivamente a medida que el tiempo pasa.

Como en el caso de Jane, que lleva siete años viviendo sola:

Echo de menos el aspecto sexual. Echo de menos la intimidad física y creo que el deseo se diluye un poco, esa parte de nosotras se queda como adormecida, en comparación con lo que siento cuando acabo de romper con alguien. En parte, eso me hace sentir algo triste. Y en mi actitud también hay diferencias. Sé que si viviera en pareja me vestiría de otra manera, más sexy, más atractiva. Me da más placer vestir-

me para los demás. Llevaría otro tipo de ropa. Cuando estás sola a veces te vuelves más perezosa sobre la manera de vestir, y sería bonito tener un motivo para esforzarse más en este tema, pero es que no hay motivación.

Es evidente que, cuando vivimos solas, el sexo solitario no es la única opción. Hay mujeres que tienen sus mejores relaciones sexuales cuando oficialmente no tienen pareja. Ahora que todas esas viejas creencias que aseguraban que acostarse con varios hombres nos convertía en zorras han desaparecido, la libertad nos da el tiempo y la ocasión de experimentar con nuestra identidad sexual. Son muchas las mujeres que aseguran ser más libres en las aventuras pasajeras, en las historias de una sola noche, para probar cosas que les daría vergüenza intentar con novios más estables.

Como Ella, que explica que: «Cuando vivía sola, no pasaba más de cuatro semanas sin sexo». O Joanna, que nos cuenta lo siguiente:

Conocí a un chico en una boda. No me gustaba especialmente. Me llamó por teléfono y yo pensaba que aquello no tenía mucho sentido, que no íbamos a llegar a ninguna parte. Pero otra parte de mí me decía que era sólo una noche que por qué no pasármelo bien. Son dos pensamientos contrapuestos que me acompañan siempre. Así que acepté salir con él y, aunque mi relación con él fue corta, fue la experiencia más erótica de toda mi vida. Me sentía genial en mi piel, aunque una parte de mí me decía que era una locura, que no teníamos nada en común, que tenía unos gustos espantosos, y que sus opiniones sobre muchas cosas eran horribles y casi nunca estábamos de acuerdo. Pero el caso es que no salíamos de la cama. Era tan pasional. Y probamos todo tipo de cosas que no había hecho nunca. Como con él no quería una rela-

ción estable, me sentía más libre para hacer lo que quisiera. Me sentí siempre como un bebé; respondiendo simplemente a las sensaciones, sin interferencias mentales.

Se pueden recibir regalos maravillosos de hombres con los que jamás pensaríamos en compartir la mesa cada noche a la hora de la cena (¿te acuerdas de la aventuras de una noche de la primera parte del libro?).

Joanna prosigue:

Estuve 22 años casada, pero el sexo nunca fue muy importante en nuestro matrimonio. Y además, yo era muy joven cuando le conocí. Así que hace un año, cuando me separé, tenía muchas cosas en las que ponerme al día. Y el primer tipo con el que me acosté resultó ser una maravilla en la cama. Me hizo sentir triste en parte, porque me dí cuenta de lo poco que había estado recibiendo durante tanto tiempo. Pero además me devolvió la fe en mí misma, sexualmente hablando. Estaba empezando a pensar que tal vez ya no me excitaría nunca más. Así que ahora el sexo de calidad es una parte fundamental para mí porque era precisamente lo que me faltaba con mi esposo. Y mis exigencias de cara a una futura relación de pareja también han aumentado. Ahora quiero mucho sexo y del bueno.

Un poco de coqueteo hace maravillas con nuestro ego, refuerza la idea de que somos mujeres atractivas y deseables. Sí, ya sé que he hecho mucho hincapié en que debemos llegar a esta conclusión por nosotras mismas, pero la emoción de que sea otra persona la que nos lo diga nunca se desvanece.

Y, hagamos lo que hagamos, nunca seremos las únicas. Las estadísticas varían enormemente. La *National Survey of Sexual Attitudes and Lifestyles* (*Encuesta nacional británica sobre actitu-*

des y estilos de vida relacionados con la sexualidad) muestra que más de la mitad de las mujeres entre los 25 y los 34 años no había mantenido relaciones sexuales en las cuatro semanas anteriores a la realización de la encuesta. Otra encuesta hecha por la revista *FHM* revelaba que las mujeres que vivían solas declaraban mantener relaciones sexuales al menos una vez cada quince días; y la más reciente, de la revista *Cosmopolitan*, ponía de manifiesto que el 16% de las mujeres solteras tenía relaciones sexuales una vez al mes. Hay mujeres que adoptan una actitud más decidida al respecto. Como María, quien confiesa que:

> *Si salía con alguien, me iba a la cama con él la primera o la segunda noche. No tiene ningún sentido pasar por todo el montaje si al final la tiene pequeña o sufre de eyaculación precoz o si simplemente el esfuerzo es demasiado grande. Sinceramente, prefiero averiguarlo desde el principio que seguir tonteando durante mucho tiempo y acabar decepcionada. Sólo me he acostado con diez hombres y la mitad de ellos han sido malos en la cama. Eso hace el 50% de los hombres. Eran encantadores, pero un desastre en la cama. Me gusta toda la parte del coqueteo, los besos y las caricias, pero si me quiero acostar con ellos, quiero hacerlo pronto.*

Repito una vez más que en este tema no hay reglas. Lo correcto es lo que a cada una le funciona, siempre y cuando disfrutemos, claro. Y, obviamente, practicando el sexo seguro y cuidando de nosotras mismas.

Si aún no lo hemos hecho, éste es un buen momento para...

◆ Comprar un vibrador.
◆ Leer una revista subida de tono.
◆ Vestir tan sexys –o no– como queramos.

- ◆ Comprar un libro de literatura erótica.
- ◆ Alquilar una película de porno.
- ◆ Ir con un grupo de amigas a un espectáculo de *strip-tease* masculino.
- ◆ Comprar una guía sexual, tipo *El goce del sexo*, y aprender cómo hacernos el amor a nosotras mismas con pericia y afecto. O leer los capítulos en los que se enseñan prácticas compartidas, para cuando tengamos un *partenaire* con quien aplicarlas.
- ◆ Explorar un sex-shop.
- ◆ Indagar en la homosexualidad.
- ◆ Comprar ropa interior provocativa sólo para nosotras.

Ejercicio

¿Recuerdas la cita romántica con nosotras mismas del ejercicio del capítulo 8?

En esta ocasión lo repetiremos, pero incorporando el elemento sexual con nosotras mismas. Reservemos una noche para hacernos el amor. Evidentemente, debemos dedicarnos el tiempo, el espacio y la intimidad que necesitemos. Darnos un buen baño, hacernos un masaje y luego dejarnos llevar. Se trata de ser sensuales con nosotras mismas.

Si disfrutamos, lo repetiremos al menos una vez al mes mientras vivamos solas.

Diferentes tipos de soltería

Cuando nunca hemos vivido solas

Desde los 9 hasta los 35 años, siempre tuve pareja, y la soltería me parece un espacio muy interesante al que acceder. Pero el único período (de dos años) en el que no hubo nadie en mi vida, fue fundamental para mí. De no haberlo vivido creo que no habría podido salir adelante. Fue un verdadero infierno. Pero fue básico para sentirme más independiente y mejor conmigo misma y para saber que era capaz de acceder a un tipo de relación más sana, diferente.

Rowena, *36 años, en relación con una nueva soltería*

Hasta hace poco, esa también había sido mi experiencia. Y, claro, no hay nada malo con estar siempre saliendo con alguien, siempre y cuando sea algo de lo que seamos conscientes. Pero este tipo de relaciones en serie, o la monogamia consecutiva, pueden convertirse en un hábito mediante el cual evitamos estar solas y establecer una relación crucial con nosotras mismas. Y esa relación con nosotras mismas, como casi todo lo que estamos destacando en este libro, es necesario para la autoestima y para la creación de relaciones de pareja afortunadas, basadas en el apoyo y la ayuda mutuas.

Si nunca hemos estado sin pareja

◆ Sin necesidad de flagelarnos, nos haremos algunas preguntas: ¿Hasta qué punto han sido satisfactorias nuestras relaciones con nuestras parejas? Si han sido enteramente satisfactorias, perfecto, pero si no, podemos beneficiarnos enormemente de pasar una temporada solas.

◆ Volver a los capítulos que tratan de trazar un mapa emocional y de cuestionar las creencias para recordarnos por qué nos resulta tan importante tener siempre un hombre en nuestras vidas. Si la respuesta es la dependencia, el estar con alguien para llenar un hueco surgido en nuestra infancia y que nunca se ha llenado –o si nace de creencias negativas como: tengo que tener pareja para estar bien y estar con cualquiera será mejor que estar sola– debemos tener en cuenta que nos ayudaría convertirnos en nuestro propio sistema de apoyo y adoptar creencias que apoyaran nuestro yo de solteras. Después de todo, tal como dice el refrán: venimos solas a este mundo, y solas nos iremos. Sólo podremos enriquecer nuestra vida si enriquecemos nuestra relación con nosotras mismas.

◆ Tal vez estemos enganchadas a un patrón adictivo. Es posible ser adicta a una persona o una relación de la misma manera que se es adicta a sustancias como el alcohol o las drogas. Y todas las adicciones nos apartan de nosotras mismas y nos impiden enfrentarnos a aspectos de nuestras vidas que no queremos admitir.

◆ Es posible solicitar ayuda al respecto. Se puede recurrir a psicólogos o a asesores. Existen muchas organizaciones que se encargan específicamente de problemas de pareja.

◆ Si decidimos que es el momento para estar solas pero nunca lo hemos hecho, debemos ser muy pacientes y tolerantes con nosotras mismas, porque sabemos que estamos modificando comportamientos de años. Tal vez lo que debamos hacer sea prescindir temporalmente de los hombres, no privarnos de ellos para siempre. Y, cuando sintamos que estamos preparadas, sabremos cómo actuar. Estar solas no tiene que ser blanco o negro, puede haber matices.

Cuando no hemos tenido pareja
(o, al menos, ninguna en mucho tiempo)

Lo he intentado todo; citas a ciegas, agencias matrimoniales, internet, amigos por carta. Y no consigo encontrar a nadie que encaje con la relación ideal que desearía tener. Pero soy muy feliz con mi vida. Tengo grandes amigos, una familia que me quiere y me encanta mi trabajo. Y pienso

que, si no hay nada más, de hecho ya me va bien así. Podría
ser mucho peor.

*> **Anne,** 37 años, en referencia a que la vida*
> no tiene que girar en torno a un hombre

Para escribir este libro he hablado con varias mujeres que llevan mucho tiempo viviendo solas, y su experiencia compartida es que una soltería de años puede acarrear toda una serie de estados emocionales que van de la frustración a la desesperación, pasando por noches en blanco preguntándose: «¿Por qué a mí? ¿Qué es lo que he hecho mal?». En el lado positivo de la balanza, la mujer soltera puede construirse una vida sólo para ella que luego le acabe resultando difícil de compartir con nadie más.

◆ Sin flagelarnos demasiado, conviene que nos preguntemos si existe algún miedo muy arraigado –a los hombres, a las relaciones de pareja, al compromiso– que interfiera en nuestro camino. ¿Acaso suponen una amenaza las relaciones de pareja? ¿Acaso es que nadie nos ha propuesto que salgamos con él? ¿Acaso es que nunca hemos tenido la ocasión de proponérselo a nadie? ¿O es que no hemos propiciado nunca la posibilidad de conocer a nadie?

◆ Vuelve a los capítulos en los que se explica cómo trazar un mapa amoroso y cómo cuestionar las creencias para recordar si ha sucedido algo en tu vida que te haya privado de participar en una relación de pareja. A veces hay bloqueos inconscientes tan poderosos que pueden generar mensajes de «inaccesibilidad» o «desinterés», aunque a nivel consciente nos mostremos interesadas y accesibles. Analicemos nuestras creencias en relación a los hombres y en relación a nosotras mismas. ¿Estamos privándonos de tener experiencias, impidiéndonos zambullirnos de lleno en las cosas por miedo al rechazo, al dolor, al abandono? ¿Creemos que nadie podrá querernos o desearnos?

¿Es demasiado profundo el recelo que sentimos hacia los hombres o hacia las demás personas?

◆ ¿Hemos sido nosotras las que hemos roto con nuestro ex? Tal vez aún no estemos preparadas para iniciar otra relación de pareja. A veces se tarda años en estarlo.

◆ ¿Somos demasiado idealistas? ¿Estamos tan vinculadas a la fantasía que no nos gustan los seres de carne y hueso?

◆ Nunca está de más plantearse la posibilidad de recurrir a la psicología o la asesoría para superar cualquier bloqueo. O para reforzar el apoyo a nuestro yo de solteras. Después de todo, si el coche se estropea, lo llevamos al mecánico. Si nuestra capacidad para mantener relaciones de pareja necesita que le echen un vistazo, ¿por qué no pedir ayuda? La relación psicoterapéutica no deja de ser eso: una relación. Una relación en la que podemos practicar el contacto con otra persona en un entorno controlado. Las terapias de grupo son una manera de empezar en el ámbito de las relaciones.

¿Estamos satisfechas con el resto de nuestra vida? Si nos enfrentáramos al hecho de que tal vez nunca más volvamos tener pareja, ¿podríamos vivir con ello?

Si tenemos una vida social rica, un hogar que nos encanta, un trabajo que nos satisface, es posible que, al igual que Ria, pensemos: «Bueno, esto es lo que hay, y en realidad no es poco».

Sumario de la segunda parte

Para tener una historia de amor contigo misma...

◆ Sueña –y crea– una vida maravillosa contigo misma.

◆ Saca el mayor partido de la situación, haciendo cosas que tus amigas que viven en pareja no pueden hacer.

- Crea una relación contigo misma de manera consciente.
- Construye una red de apoyo a partir de amigas, de un grupo de solteras y de amistades del sexo masculino.
- Analiza los patrones recurrentes de tus relaciones para llegar a entenderte mejor a ti misma.
- Investiga tus creencias ocultas sobre el amor, los hombres, las relaciones...
- Haz todo lo que esté en tus manos para incrementar tu nivel de autoestima.
- Aprende tácticas para enfrentarte a los malos momentos, cuando tengas la moral baja.
- Resuelve los aspectos prácticos de la vida de soltera –como llevar el coche a arreglar–.
- ¡Disfruta sexualmente contigo misma!

Tercera parte

Otra vez los hombres

En algún momento tendrás que volver a meter el pie en ese lago infestado de pirañas que son las citas.

¡He aquí como nadar y sobrevivir!

Prepararse para el romance

Mucha gente habla del miedo que da tener una cita, pero se olvidan por completo de lo divertido que es. Puedes ir a sitios a lo que nunca irías sola; tienes a alguien que intenta impresionarte; te vistes para la ocasión y te crees importante; todas tus amigas se mueren por saber cómo te ha ido y, si eres inteligente, le preguntas qué le gusta de ti para que te diga piropos y te suba la moral.

Emma, 26 años, entusiasta de las citas

La idea que más asusta a los que se separan es tener que pasar por *todo* eso otra vez. Llegará el momento en el que habrá que pasar de nuevo por ese campo minado que es el mundo de las citas. Pero ya no somos las mismas que éramos la última vez que estuvimos solas, somos personas diferentes que tenemos que poner al día los vestidos de la atracción.

Tal vez nos hayamos hecho más duras, o más tiernas; más mayores y más sabias. Tal vez no confiemos en nuestra propia capacidad para elegir correctamente al hombre adecuado. Tal vez nos dé temor todo eso, o no nos importe para nada. Tal vez nos hayamos hecho más cínicas, o más idealistas. Tal vez creamos que nuestro anterior amor fue como una muesca en la pared, o una bala de la cual hay que resarcirse. Tal vez pensemos que la próxima vez será la definitiva, que tiene que salir bien. Tal vez, por el contrario, no nos importe con quién salgamos a partir de ahora, dado que las cosas siempre nos han salido mal en el pasado.

Pero, con un poco de suerte, habiendo hecho los ejercicios de las partes 1 y 2 y profundizado en nuestra relación con nosotras mismas, a estas alturas nos sentiremos mucho, muchísimo más seguras de nosotras mismas que antes.

Hay que considerar que el primer paso para conocer al «hombre de nuestros sueños» es estar totalmente hartas del «hombre de nuestras pesadillas». Conviene recordar lo que se ha dicho acerca de los patrones recurrentes poco saludables, de las creencias que no ayudan en nada y de los mapas amorosos, aspectos que han aparecido en las partes 1 y 2 de este libro. Hay que practicar un poco para ejercitar el músculo de las relaciones de pareja, y besar a algunas ranas antes de empezar a reconocer algo que remotamente pueda parecerse a un príncipe azul.

Las mujeres con las que he conversado para recabar información manifestaron tener una variada gama de actitudes respecto del hecho de salir con hombres. Mientras que Rachel creía que cuanto más tiempo transcurría viviendo sola, más idealista se volvía y más convencida estaba de que no iba a malgastar su tiempo con hombres que no le parecieran interesantes, para Jacqui, cuanto más tiempo pasaba sin tener una cita, más se desesperaba. Cualquier hombre le servía, con tal de que fuera una cita. Las diferencias también afectan –así como las dificultades– en función de la etapa de la vida por la que se esté atravesando. En este sentido, Louise cuenta un chiste: *Después del divorcio, los hombres son como los espa-*

cios para aparcar; los mejores están ocupados y el resto son para discapacitadas.

Don't Worry - Be Happy

Sea cual sea nuestro ritmo de salidas con hombres, lo que hacemos es usar nuestro tiempo de soltería para convertirnos en expertas en las artes del amor, la intimidad y el compromiso. Debemos vernos a nosotras mismas como alumnas en la asignatura de las relaciones de pareja. Aprendemos constantemente lo que funciona y lo que no funciona. Algunas citas acaban en desastre, pero incluso de ellas aprendemos algo. Otras son encantadoras, pero luego ese hombre no vuelve a llamarnos nunca. Pero con cada salida añadimos algo más de experiencia, agregamos lo vivido al banco de datos que nos ayudará a reconocer al príncipe azul cuando llegue. El tiempo que pasamos aceptando citas nunca es tiempo malgastado –aunque lo sea–, así aprenderemos a detectar a los hombres que nos hacen perder el tiempo.

Una amiga mía, Sandra Donaldson, llegó a afinar hasta tal punto su arte de las citas que a los pocos meses de atraer a todos los hombres de su zona, sus amigos empezaron a llamarla «la chica de una sola cita».

No importa desde qué situación personal accedamos al mundo de las citas (aunque nos acabemos de separar hace una semana), lo que realmente importa es: ¿Cómo combinar nuestra probable mejora personal con unas citas que tal vez no veamos que mejoran nada?

¿Te has saltado la parte central y llegas en este punto?

Ningún problema. Sólo piensa que la obsesión por encontrar pareja nos desespera y es contraproducente. Por eso, la aceptación de la soltería como algo positivo es buena y nos prepara para el circo de las citas.

A continuación se exponen algunas indicaciones generales que pueden servir de ayuda.

Una manera novedosa de encontrar la pareja perfecta... ¡sin salir de casa!

El azar es siempre muy poderoso. Ten siempre cebo en el anzuelo; en la charca donde menos se espera, se encuentran peces.

Ovidio, poeta latino nacido en el 43 a.C.

Para atraer al hombre de tus sueños. Primero: soñar

Echemos un vistazo a nuestras vidas. En ellas se refleja lo que deseamos a un nivel muy profundo. Se refleja lo que esperamos. El tipo de hombre al que atraemos refleja el tipo de hombre que, de alguna manera, deseamos atraer.

Si esperamos que nos traten como un desperdicio, eso es lo que conseguiremos. Hasta que nos hartemos y decidamos que ya no queremos que nos traten así.

Una manera segura de reconocer si el príncipe azul ha llegado a nuestra vida es tener claro lo que queremos –de los hombres, de las relaciones de pareja, de nuestra vida amorosa, de nuestra vida en general–. Y lo que nos parece bien en el presente no tiene por qué ser lo mismo que lo que nos parecía bien antes.

Tal vez este enfoque nos parezca muy poco romántico, pero el «mercado» está muy competitivo; es la selva del amor. Y vale la pena ir tan preparadas como sea posible.

Es curioso, pero cuando tenemos claro lo que queremos, las posibilidades de conseguirlo aumentan. En el fondo es lógico. Si no tenemos mucha confianza en que esto se aplique a las relaciones afectivas –un área a la que solemos dedicar todo tipo de ideales y ensoñaciones basadas en cuentos de hadas– hagamos un paralelismo con nuestra vida profesional.

Es imprescindible saber en qué queremos trabajar, de lo contrario no llegaremos a subir ni el primer peldaño de la escalera. No basta con «quedarse cerca» del mercado de trabajo esperando que aparezca un empleo y nos invite a una copa. Mucha gente me pregunta cómo llegué a acceder al mundo «glamuroso» de las revistas femeninas. Bueno, pues primero tuve que saber que quería estar en él. Luego tuve que hacer algo para conseguirlo. Finalmente, la suerte entró en juego. Pero no llegué a ninguna parte hasta que supe que aquello era lo que quería hacer.

La razón para tener claro lo que estamos buscando es que todo el proceso se verá acelerado. Por ejemplo, si estamos hartas de dar sin recibir nada a cambio en nuestras relaciones de pareja y la próxima vez queremos conocer a un hombre atento, una parte de nuestras «antenas amorosas» se activarán en busca de hombres atentos. Recibiremos con más rapidez las señales que indiquen comportamiento desconsiderado. No nos levantaremos un día, a los tres años de vivir con nuestra pareja, y nos daremos cuenta de que ésta se preocupa más por las arañas del cuarto de baño que por nosotras.

Madonna está de acuerdo conmigo en esto; es una mujer que ha deseado muchas cosas en su vida –fama, una trayectoria de actriz, hijos, un esposo que, por cierto, le pegaba– y que ha conseguido la mayoría. Conservo una cita de Madonna tomada de una entrevista que le hicieron para la revista *Vanity Fair:* «Cuando deseamos algo con locura, toda la tierra conspira para ayudarnos a conseguirlo». Y es cierto.

No es que Madonna haya descubierto este principio universal ella solita. Aparte de las grandes religiones del mundo, que llaman «oración» a esta práctica, el psicólogo Carl Jung acuñó la expresión «sincronización» para definir esa manera que tiene la vida de ofrecernos coincidencias que ponen ante nosotros de modo sorprendente lo que habíamos pedido, lo que necesitábamos. También se le podría llamar oportunidad; o, simplemente, suerte. Pero la suerte también se construye.

Seguramente algo así nos ha pasado a nosotras mismas. Decidimos que queremos ser dobladoras profesionales y, de repente, en una fiesta, conocemos a alguien que dirige una empresa de doblaje de películas. Un día tomamos la decisión de resucitar nuestra pasión infantil por el canto y al día siguiente nos enteramos de que un conocido nuestro canta en el coro local. Decidimos que necesitamos unas vacaciones, a pesar de que estamos sin dinero, y esa misma semana un compañero de trabajo nos dice que conoce una agencia de viajes en la que tienen gangas increíbles. Incluso a mí me pasó cuando escribía este capítulo, como si la vida intentara demostrarme algo: una amiga me pasó un libro de astrología y lo abrí al azar en una sección en la que se sugerían rituales para atraer a la pareja perfecta. A modo de agradecimiento, lo he incluido más abajo.

Este tipo de cosas sucede con tanta frecuencia que tiene que ser algo más que una mera coincidencia. Es una coincidencia que nos favorece.

Una vez tengamos claro lo que nos gustaría tener en nuestra vida amorosa, la coincidencias empezarán a sucederse.

La manera de aclararnos es eminentemente práctica y pasa por...

Hacer una lista

Mi mejor amiga hizo la lista. Pedía un hombre que fuera guapo, que estuviera interesado por cuestiones espirituales (como ella), artista (como ella). Incluso pidió que tuviera «un buen miembro». Le conoció precisamente cuando fue a una conferencia que daba el Dalai Lama, líder espiritual del Tibet. No puede decirse que aquel fuera el lugar más propicio para ligar. Era guapísimo, interesante, inteligente. Era artista y vivía en Cornualles. Y, teniendo en cuenta dónde le había conocido, era obvio que el tema de la espiritualidad también quedaba cubierto. (Y sí, en lo del miembro también acertó). ¿Cuál era el único problema? Que no tenía trabajo. Mi amiga me comentó:

Mientras hacía la lista, me planteé si debía poner también que tuviera mucho dinero, y decidí no hacerlo. Y, sencillamente, no se me ocurrió pensar en el tipo de trabajo que me gustaría que tuviera. ¿Qué encontré? Evidentemente, alguien sin trabajo y desplumado.

La escritora norteamericana y experta en relaciones de pareja, Barbara de Angelis, cree en la validez de esta lista y recomienda hacerla por escrito y llevarla siempre en el bolso. En su libro *Are you the one for me?* (*¿Eres mi media naranja?*) asegura: «Creo que esta lista puede llegar a actuar como un imán, atrayendo a esa persona especial a nuestra vida».

Lo que veremos es que, como por arte de magia (porque es magia) conseguimos lo que pedimos.

Qué hacer

A continuación, indicaciones para conseguir que el servicio de entrega a domicilio de la vida opere a nuestro favor en lo referido al amor...

Haz una lista de todas las cualidades o atributos que te gustaría que tuviera tu hombre ideal, teniendo en cuenta lo siguiente...

◆ Su estilo físico –¿Se viste bien? ¿Es delgado o más bien rellenito?–.

- Su estilo emocional –¿Es atento? ¿Está en contacto con sus emociones? ¿Expresa amor?–.
- Su estilo social –¿Extrovertido o seductoramente tímido?–
- Su estilo intelectual –¿Inteligente? ¿Culto?–.
- Su estilo sexual –¿Un demonio en la cama? ¿Competente pero no muy exigente?–.
- Su estilo comunicativo –¿Le encanta hablar? ¿Sobre qué?–.
- Su estilo económico/profesional –¿Le gusta su trabajo? ¿Es solvente económicamente?–.
- Su estilo de desarrollo personal –¿Tiene conciencia de sí mismo? ¿Asume la responsabilidad de sus actos?–.
- Su estilo espiritual –¿Es religioso?–.
- Sus intereses y diversiones –¿Son los mismos que los nuestros? ¿Son diferentes?–.

Algunas indicaciones

- Cuando buscamos a un hombre, tendemos a centrarnos demasiado en lo físico. No es bueno obsesionarse con los atributos físicos, excepto en aquellos aspectos que, sinceramente, nos parezcan una absoluta necesidad.
  Por ejemplo, si medimos un 1,60 m y no estamos dispuestas a salir con alguien más bajo que nosotras. No vamos a rechazar a un hombre porque tenga el pecho peludo, ¿verdad?
- Como ya hemos dicho, puede que nuestro tipo no sea nuestro tipo. Que los hombres morenos e impulsivos con narices aguileñas nos hagan perder la cabeza no significa necesariamente que posean las cualidades necesarias para ser nuestra pareja estable (desde aquí pido perdón a todos los hombres morenos e impulsivos que sean seres humanos perfectamente equilibrados y maduros).
- Especifica al máximo. No basta con decir o escribir «Agradable». Hay que especificar lo que agradable significa para nosotras. No decir «Bueno con los niños»; es demasiado vago.

¿Quiere tener hijos? ¿Ya los tiene y así nosotras no tenemos por qué tener ninguno? ¿Adora a los nuestros? ¿O le gustan, simplemente, los niños? No decir «Lo bastante inteligente», o «Más inteligente que yo». ¿Qué significa eso? Si lo que queremos es que sea «universitario» o «neurocirujano», debemos anotarlo.

◆ Piensa en las cualidades que deseas que tenga y en cómo quieres que se comporte respecto a ti.

◆ Hacer este ejercicio con una amiga resulta divertido. Así compartimos nuestros deseos, esperanzas y sueños, y nos ayudamos mutuamente a ser más concretas y a recordarnos las cosas que puedan pasársenos por alto. Por ejemplo, una puede olvidarse de decir algo sobre los intereses en común, y la otra estará allí para recordárselo.

Mi lista personal

Ésta es mi lista, elaborada en marzo de 1999. En ella se integra tanto mi experiencia pasada como mis deseos actuales.

Mi pareja ideal:
- Es inteligente.
- Es divertido, me hace reír.
- Es ingenioso, locuaz.
- Tiene un trabajo interesante que le encanta.
- Es feliz consigo mismo y con quien es.
- Es abierto con todas mis creencias raras.
- No le importa que sea una mujer de éxito.
- Me apoya.
- Es capaz de amar y comprometerse.
- Es atento –y capaz de demostrar atenciones hacia mí sin sentir por ello que se esté entregando en exceso–.
- Es él mismo. Sabe estar solo.
- No está para aguantar las tonterías de nadie (incluidas las mías).
- Ha resuelto sus relaciones con sus padres.
- Sabe enfadarse y expresar su ira, en vez de ir guardándosela dentro y acumulándola.

- Es atractivo a su manera.
- Se lleva bien con mis amistades.
- No espera que llegue yo para arreglarle la vida.
- Es moderadamente maduro. A veces actúa como un niño pequeño, pero ello no representa la totalidad de lo que es.
- Está interesado en cuestiones espirituales.
- Es sexualmente compatible conmigo. Sabe hacer el amor y mirarme a los ojos a la vez.
- No le importa mi edad.
- Está dispuesto a cambiar y a evolucionar a partir de las experiencias vividas.
- Es estable y fiable. No le importa que yo necesite independencia. Me deja salir por mi cuenta y hacer cosas sin él, y a él también le gusta hacer ciertas cosas solo.
- Es económicamente solvente, no le preocupa ni está interesado en el dinero que yo pueda tener ni en lo que pueda obtener de mí en ese sentido.
- Para él la relación de pareja es como una unión entre socios. Es capaz de compartir y quiere formar parte de un equipo –es decir, no es competitivo conmigo ni intenta superarme en todo–.
- Cree que soy una mujer increíble y que tiene suerte de estar conmigo.
- Es capaz de desarrollar una relación de intimidad; está dispuesto a explorarla y no huye de ella.
- Es comunicativo y habla conmigo de las cosas que le pasan y de lo que siente respecto a nuestra relación de pareja. No se retrae por miedo.
- Se puede confiar en él.
- Ah, casi me olvidaba: tiene intereses comunes a los míos y le gusta realizar algunas de las actividades que a mí también me gustan.

(Y, por si acaso hace falta decirlo –o por si alguna aún necesita más pruebas de que este método funciona– he encontrado exactamente a un hombre así).

Prudencia

Hay que ir con cuidado con lo que se pide, porque a veces se consigue. Y ya conocemos esa célebre frase que dice que sólo hay una cosa peor que no conseguir lo que uno quiere; conseguirlo.

A veces, conseguimos lo que queríamos por vías improbables. A la vida le gusta mucho jugar con nosotras. Tal vez queramos que nuestra pareja sea director de una empresa pero, ¿estamos dispuestas a aguantar la cantidad de horas que pasará trabajando? Tal vez no le veamos casi nunca. Tal vez nos quedemos todo el día en casa cuidando a los niños. Si hemos pedido un millonario, por ejemplo, ¿seremos capaces de llevar bien el estilo de vida que nos proporcionará? Es una situación que puede poner en cuestión nuestra autoestima, puede hacer que afloren nuestras creencias ocultas sobre lo que merecemos en la vida y lo que no.

Ahora que ya hemos hecho la lista, algunas cuestiones a tener en cuenta

Cuidado con pedir para nuestra pareja cualidades que sean contrarias a las nuestras. Ello indica que estamos buscando a alguien que suponga un contrapeso a nuestras propias debilidades. Por ejemplo, si queremos a alguien que sea el centro de las fiestas porque nosotras no lo somos, debemos ser conscientes de que tal vez baste con mejorar un poco en nuestra confianza propia. Si queremos a alguien que tenga mucho dinero, será mejor que nos preguntemos qué es lo que valemos y que valoremos si no sería mejor pedir un aumento de sueldo. Asumir la responsabilidad por aquellas cosas que nos dan miedo y tomar alguna iniciativa acelera su consecución. Así, la lista también puede convertirse en un instrumento para conocernos mejor (en el fondo, todo es un instrumento de autoconocimiento).

Repasemos la lista y preguntémonos: ¿Tengo yo esas cualidades que pido para mi pareja? Aunque no puedo demostrarlo creo que, cuando se trata de relaciones, los parecidos se atraen. Sé que en mi caso es cierto. Y también en el caso de mis amigos. Lo he leído muchas veces en obras de autoayuda.

Pensemos en nuestra propia vida en este momento. Si en el fondo aún no hemos superado nuestra anterior relación y aún llevamos a cuestas una carga de ira, pensemos en lo que sentiríamos si tuviéramos que atraer a alguien que tampoco hubiera superado su anterior relación y llevara a cuestas una carga de ira. Si apenas nos aguantamos a nosotras mismas, ¿cómo vamos a estar con un hombre que apenas se aguanta a sí mismo? Porque eso es exactamente lo que vamos a tener. Es una especie de ley de precisión devolutiva: se recoge exactamente lo que se cosecha.

Así que es importante investigar con cuidado cuál es nuestra motivación, siendo sinceras con nosotras mismas. Tampoco hay que divulgarlo a los cuatro vientos.

Una vez confeccionada la lista

◆ Se puede incrementar el poder del proceso a través de un pequeño ritual personal. Los rituales se han usado en todos los tiempos para invocar la creatividad, para centrar la atención y para llamar a una fuerza mayor que la nuestra. Está claro que daño no hacen. Y como mínimo será divertido.

◆ Algunas amigas mías y yo hacemos la lista con luna llena (cuando la luna, que suele identificarse como una fuerza femenina, está en su momento de mayor poder). O con luna nueva (adecuada para iniciar, para emprender). Bebemos vino de aguja, salimos al jardín y le decimos a la luna lo que queremos. Hagamos lo que hagamos, lo importante es divertirse. Podemos gritar la lista desde la ventana abierta.

◆ Recurriendo al Feng Shui, el antiguo arte japonés de la ubicación de las cosas, podemos colocar la lista (colgada o guardada en una caja o en un jarrón) en la zona de creatividad de la casa o habitación. Éste es el lugar adecuado para manifestar un deseo. Según se entra en la casa o en la habitación por la puerta, esa área se encuentra en medio del área, en la pared a la derecha. También se puede colocar la lista en el área de las relaciones, que está en el rincón derecho opuesto a la entrada.

◆ Si creemos en Dios, podemos pedirle que nos conceda lo que queremos.

◆ En homenaje al espíritu de la sincronía, paso a exponer el ritual de Venus que leí en el libro de Caroline Casey, *Making the Gods Work for You (Con los dioses a favor)*.

> *En viernes, tomar un trozo redondo de pan (puede ser un panecillo), hacer un agujero en el centro, poner una moneda de cinco dentro (el número cinco es sagrado para Venus). Sobre la moneda, colocar un trozo de papel doblado en el que habremos escrito la lista. Poner una cucharada de miel sobre el papel, por razones simbólicas obvias, y a continuación situar una vela amarilla y corta sobre el agujero. Encenderla.*
>
> *Mientras la vela se mantiene encendida, podemos hacer cualquier cosa que queramos. Honrar a Venus: poner músicas bonitas; preparar la casa para la llegada de la diosa. Cuando la vela se haya consumido por completo y sólo quede cera derretida encima del pan, llevarlo al agua dulce. Ir a un río o un lago y echar en él los restos biodegradables de pan y vela, diciendo: «Yo soy la presencia que trae a mi vida a mi amado, libre y dispuesto a ser mi pareja y compañero. Me siento tan inspirada que hallo el valor para jugar y la sabiduría para amar con corazón alegre».*
>
> *Parece que este ritual siempre funciona.*

Parece una tontería pero, cuando se trata de amor, estoy segura de que todas hemos hecho cosas peores.

Podemos recurrir a las afirmaciones, creando algunas sobre este tema, como por ejemplo, «Ahora atraigo a mi pareja perfecta hacia mi vida», o «En este momento estoy propiciando una relación afectiva, amorosa y feliz».

Finalmente

Haz la lista, haz el ritual. Y luego, olvídate de ella. No nos obsesionemos. Intentemos cultivar una actitud de «confianza serena». La reina norteamericana de las técnicas de visualización, Shakti Gawain, aboga por visualizarnos conscientemente a nosotras mismas consiguiendo lo que queremos, dejando luego que sea el destino el que haga el resto: «Un paso importante es verlo, y luego olvidarlo», dice.

No hay que comentarla con todo el mundo. Es un secreto que como máximo compartiremos con la amiga con la que la hagamos. No hablemos de la lista sin cesar en todas las cenas a las que vayamos en los próximos meses. Extrañamente, tiene un efecto disuasorio sobre su efectividad.

Una última advertencia

Si hacemos la lista pero no le atraemos como querríamos, es el momento de preguntarnos si tenemos alguna reticencia, algún punto que indica que no estamos convencidas del todo con lo que estamos haciendo. Porque lo cierto es que cuando creemos de verdad, ciegamente, locamente, él llega.

(Y, si atraes a algún amante fallido con este ejercicio, no me eches la culpa a mí, sino a Cupido.)

Citas sin lágrimas

Si algún hombre se fija en nosotras, por más que nos alegremos de la atención que nos demuestra, lo más importante es que no lo demostremos. Hay que comportarse como si fuera algo normal, que lo es. Todas tenemos algo capaz de encantar a un hombre, pero si nos comportamos como si fuera un gran cumplido que alguien se haya dado cuenta, lo que hacemos es valorarnos muy poco.

*   **María**, defensora a ultranza de tener la autoestima muy alta cuando se tiene una cita*

La clave para que las citas no sean dramáticas es el equilibrio. No hay que convertirlas en lo más importante de nuestra vida, en nuestra única actividad. No hay que perder el contacto con las amigas ni dejarlas de lado porque estemos saliendo con algún hombre. Seguimos necesitando su apoyo y a ellas no les gustará saber que somos el tipo de persona que sólo llama cuando no hay ningún hombre en nuestra vida.

Cuando Joanne se separó de su compañero, con el que había vivido muchos años, inició una «caza del hombre» en toda regla. Se pasaba horas cada noche chateando con hombres por internet y los fines de semana concertaba citas a ciegas. Como ella misma confiesa:

No me preocupaban mis amigas. No tengo muchas, y no conozco a nadie en mi barrio. Así que no es que esté todo el día saliendo por ahí. Sí que tengo una amiga, pero no me esfuerzo por verme con ella. Así que la cosa se convierte en un círculo vicioso. Podría salir con ella. Pero no hago nada por quedar.

Esa fue la opción de Joanna sobre su manera de vivir su vida, pero si lo único que hacemos es ir en busca de hombres, corremos el riesgo de desesperarnos y obsesionarnos, y de no estar a gusto con nosotras mismas.

Así que vamos a animarnos y a no tomarnos las cosas tan a pecho. Se supone que salir con alguien, lo creamos o no, es divertido. A mayor número de citas con distintos hombres, menos importante se hace cada uno de ellos. Si nuestra vida se complica, siempre podemos parar. No nos acostemos con ellos sólo porque nos lo piden, o para averiguar cómo son.

El mundo no empieza ni acaba en esta cita. Es sólo un encuentro con una persona. Y nosotras no somos participantes en los juegos olímpicos de las citas, compitiendo por ser las más bonitas, las más ingeniosas, las más perfectas (ah, y además las madres potenciales de sus hijos perfectos). Actuar como si lo fuéramos pone las cosas más difíciles.

Sólo estamos tomándonos un café con otro ser humano que resulta ser un hombre.

Y que a ese hombre le parezcamos atractivas no deja de ser una afirmación maravillosa y emocionante. Disfrutémosla.

Sí, es cierto que tener una cita con un hombre puede producir increíbles sensaciones de excitación y emoción cuando sale bien y fortísimos sentimientos de depresión cuando sale mal. El truco está en minimizar el riesgo de que salgan mal e incrementar las opciones de éxito. Por suerte, en el presente tenemos todos las herramientas a nuestro alcance para conseguirlo. Lo único que debemos hacer es entrar en el trastero y sacarles un poco de brillo, si es que están algo oxidadas por falta de uso.

No nos olvidemos de la regla 25 de las buenas solteras, especialmente cuando se trata de salir con hombres…

El ámbito de las citas es un escenario ideal para poner en práctica nuestras nuevas aptitudes, como la mayor autoconciencia, nuestro mayor conocimiento de lo que queremos y necesitamos y nuestra capacidad para expresarlo y hacer valer.

La ventaja de tener las cosas más claras y de expresarlas con mayor aplomo es que, una vez constatamos la emoción que nos produce actuar así, una vez sabemos lo mucho que se simplifica nuestra vida, empezamos a aplicar este sistema en todos los ámbitos de la vida.

Ésta es la regla: no hay reglas

Podemos salir con varios hombres a la vez, podemos salir una sola vez con un hombre y no volver a verle más, podemos mantener o no relaciones sexuales con los hombres con los que salimos. Depende de nosotras. Podemos simplificarnos la vida o complicárnosla tanto como queramos. Si conocemos a un hombre maravilloso y luego aparece otro, salgamos también con él. Una cita no es un contrato. Un beso no es un compromiso. Ni siquiera acostarse con alguien tiene que significar nada. Lo único que significa es que a los dos nos apetecía acostarnos juntos.

Con el jefe, con nuestra madre, con el señor que llama a nuestra puerta para vendernos algo, con quien sea.

Como en el caso de Therese, que afirma:

Me casé con el primer chico con el que salí. Así que cuando me separé, diez años después, sentía que en realidad no sabía nada de citas, porque nunca había hecho aquello tan típico de la adolescencia, lo de salir con uno y una semana después dejarlo por otro. Estaba aterrorizada. Pero, después de algunas veces, me dí cuenta de que era una manera genial de experimentar con mi nuevo yo, de hacer las cosas de otro modo. Aquellos hombres no me conocían, así que con ellos podía ser tan directa, decidida y exigente como quisiera. Y, por extraño que parezca, descubrí que cuanto más me mostraba tal como era, más atractiva me encontraban los hombres. Al cabo de seis meses, ¡me los tenía que quitar de encima!

Ejercitar el músculo del coqueteo

Todas conocemos a mujeres que atraen a los hombres como a las moscas, aunque no sean precisamente Michelle Pfeiffer. Conozco a una que es capaz de entrar en un bar con una chaqueta de chándal y unos pantalones chinos –mientras que todas las demás mujeres presentes van vestidas como si estuvieran a punto de asistir a la ceremonia de entrega de los Oscares– y, en cuestión de minutos, ya está rodeada de hombres. Es algo que tiene que ver con su manera de ser. La comodidad consigo misma que emana ella, aunque vaya objetivamente «mal vestida». Se le ve relajada, feliz, accesible. El mensaje que transmite es: Me gusto. Seguro que a ti también te gusto. A eso se le llama confianza.

Qué podemos hacer
para incrementar la autoconfianza

◆ Asegurarnos de que nuestro aspecto sea el mejor posible. Cambiar de peinado, hacernos un tratamiento facial, o arreglarnos la nariz. Ir a una tienda de ropa y dejar que nos aconsejen sobre qué ropa nos sienta mejor. Regalarnos una visita a un asesor de imagen. El cuidado del aspecto físico es una parte del amor por una misma. El grado de confianza aumenta cuando sabemos que tenemos buen aspecto.

◆ Pedirles a nuestros amigos que nos digan cuáles son nuestros puntos fuertes –y potenciarlos–.

◆ Hagamos afirmaciones que contribuyan a un incremento de la confianza. Revisemos el trabajo realizado en el capítulo 12, dedicado a las creencias. Decirnos a nosotras mismas que tenemos confianza, que somos atractivas, inteligentes, divertidas, ingeniosas, listas.

◆ Lleva ropa roja, porque es un color que transmite confianza, brillo, atractivo. Prueba cuáles colores te sientan mejor.

◆ Ponte lápiz de labios rojo.

◆ Pon el cuerpo en forma. Lleva ropa que potencie los mejores puntos de tu cuerpo.

◆ Relájate. Se tu misma. Se genial.

◆ Empieza el coqueteo.

Pasos del coqueteo

El coqueteo es un arte que, como todas las artes, mejora con la práctica. Sí, es cierto que ciertos aspectos naturales suponen una ventaja, pero lo bueno es que todas los tenemos. Es así.

Es lo que hacen las mujeres cuando quieren dar a entender que sienten cierta atracción amorosa. Es algo que, cuando se tiene confianza e interés, se hace de manera natural. Si somos tímidas a nuestro pesar, tal vez tengamos que aprender a enviar señales de flirteo.

El coqueteo, o flirteo, empezó a ser objeto del estudio científico hace más de treinta años, cuando un investigador vienés, Irenaus Eibl-Eibesfeldt, descubrió que la gente, en todas las culturas del mundo, desde las islas de los Mares de Sur hasta el Mar del Norte, denotaba el interés sexual de la misma manera. Las mujeres, tanto las que pertenecen a culturas en las que no existe la escritura como las que leen *Cosmopolitan*, usan señales no-verbales que se parecen mucho. Así que, si queremos atraer a un hombre en cualquier parte del planeta, así es como se hace.

Según Eibl-Eibesfeldt, siempre es la mujer la que señala primero el interés. Sonríe al hombre, luego arquea las cejas para que sus ojos se vean más grandes, baja rápido los párpados y, haciendo descender la barbilla e inclinando la cabeza ligeramente hacia un lado, aparta la mirada. En cuestión de segundos, se lleva la mano a la boca y se ríe tímidamente.

Otras cosas que también se hacen en esta situación:

Acariciarse el pelo. Mover suavemente las caderas. Reírse en voz baja. Mirar con los ojos muy abiertos. Pasar la lengua por los labios y sacar pecho. Balancear las caderas. Mirarle como si fuera un Pierce Brosnan con sentido del humor.

De todos estos trucos del coqueteo, el más poderoso es la mirada. Si miramos a un hombre como si fuera la película más interesante que hemos visto desde *Titanic*, ese hombre debería, al menos a un nivel subliminal, captar nuestro mensaje.

Hacerle reír

Otra de las cosas recomendables es afinar el sentido del humor. Algunos hombres que entrevisté me dijeron que, para ellos, la habilidad de las mujeres para hacerles reír era mucho más importante que el tamaño de sus pechos. Bueno, sea como sea, no está de más aprenderse algunos chistes.

Tengo una amiga con un sentido del humor que hace que los hombres se derritan por ella. Hace insinuaciones muy procaces, directas, sensuales. Por ejemplo, a un jugador de rugby le dice: «Estoy segura de que, con esas piernas, eres genial en la cama». Y, acto seguido, con gran timidez, añade: «No sé cómo he podido atreverme a decir algo así». Nunca le falla.

Señales corporales que indican que a él le gustamos

◆ La otra parte de la ecuación del coqueteo. ¿Cómo saber que él está interesado en nosotras, sin necesidad de que nos lo diga?

- Con la mirada. Fija en nosotras una mirada de acero y la mantiene mucho más rato de lo que lo haría –pongamos por caso– el cartero.

- Se acaricia el cuello. Hay nuevas investigaciones sobre el flirteo que revelan que, en presencia de una mujer que le resulta atractiva, el hombre sucumbe a un comportamiento instintivo de apareamiento que le iguala al pavo real. Arquea la espalda, hincha el pecho, mueve la pelvis imperceptiblemente como una versión domesticada de Elvis Presley, se pavonea y se ríe en voz más alta.

- Hace grandes gestos. Se saca el encendedor del bolsillo con gran floritura y lo enciende como si estuviera haciendo un cásting para participar en una de esas películas mudas. Se toca el nudo de la corbata y alza la barbilla en dirección al techo. Lo que pasa es que una parte de su cerebro más remoto le empuja a realizar una versión urbana de lo que los primates hacen en plena selva.

- Se le dilatan las pupilas. Parece que esto sucede para que los ojos abarquen la mayor parte posible del objeto amado. De todas maneras, en una discoteca esto es algo difícil de precisar. Además, las pupilas dilatadas también pueden indicar que el chico ha tomado demasiadas «pastillas» y que no se entera de nada.

- Se toca o acaricia la copa, la mano, el cuello. Una de las claves del lenguaje corporal es que los pequeños gestos que hacemos son un reflejo de lo que nos gustaría probar si no fuéramos tan inhibidos. Así, el hombre acaricia la copa porque le gustaría acariciarnos a nosotras.

- Nos roza mientras habla con nosotras. Expresa lo mismo que en el punto anterior, sólo que ahora consigue atreverse un poco más.

- Imita nuestro lenguaje corporal. Si nos adelantamos, él se adelanta; si cruzamos las piernas, él también las cruza.

Una vez se establece el contacto visual, ya se inicia el delicioso juego de la conquista. Pero, inevitablemente, a medida que empezamos a acariciarnos el pelo y a mover las caderas como locas por toda la sala, también podemos atraer la atención de alguien que no nos interesa. A continuación se dan algunas claves para decir que no con elegancia.

Decir que no con elegancia (incluso si el hombre es guapo)

Tengo amigas que salen con cualquiera que se lo pida porque no soportan la idea de decirles que no, porque se sienten halagadas y no se atreven a decepcionarles. Pero no tiene mucho mérito que a un imbécil barrigón y sucio le resultemos atractivas. Los hombres siempre pueden aproximarse a las mujeres de maneras que no dejan de ser insultantes.

Sarah, 23 años, integrista del «No»

Así que, bueno, ahí estamos con ese tipo tan amable que nos da conversación. Es agradable, se muestra interesado, pero lleva unas botas de niño. O su halitosis asustaría hasta a los gatos. O no sabemos qué es lo que tiene, pero sabemos que no es para nosotros.

Nos pide el número de teléfono. ¿Qué vamos a hacer? ¿Vamos a ser buenas? ¿O vamos a ser sinceras?

Recordemos qué sucede cuando decimos que sí cuando queremos decir que no. Cada vez que suena el teléfono, se nos encoge un poco el estómago. Tal vez sea nuestra madre, o nuestra mejor amiga. Pero también podría ser él. Así que no respondemos la llamada y de pronto nos convertimos en prisioneras en nuestra propia casa. La otra opción es contestar la llamada y que sea él. Entonces le decimos que sí, que de acuerdo, y al colgar pensamos «¡Oh, no!». O le decimos que vale, pero esta semana no, y parece que nunca se da por enterado y empezamos a tener pesadillas en las qué a los setenta años, en una sofisticadísima pantalla de video-teléfono, nos aparece él y le decimos, «Lo siento, pero es que esta semana no me va bien».

Además, a lo mejor tenemos que dejar de ir a nuestros sitios favoritos por miedo a encontrárnoslo. ¿Queremos de verdad que nuestra vida social sea tan complicada?

Hay maneras suaves de decir que no sin que impliquen que él se sienta como Quasimodo ni nosotras como unas brujas. Los hombres, en general, prefieren que les den una negativa directa y no que les mareen durante mucho tiempo. Pero, ¿a quién le gusta oír la cruda verdad, «Es que no me gustas». Ni nosotras queremos decírselo, ni él quiere oírlo.

Frases de eficacia demostrada

El recurso más usado, la mentira piadosa preferida por más mujeres:

◆ Lo siento, pero ya tengo novio, o vivo con alguien, estoy casada.
◆ A mi novio no le gustaría que te diera mi teléfono o que saliera contigo.

Pero si sabe que somos solteras:

◆ Perdón, pero acabo de separarme y creo que no estoy preparada para salir con nadie.
◆ Eres encantador, pero no eres mi tipo.
◆ Eres encantador, pero te veo como a un hermano, y sería incesto (!).
◆ Perdón, pero en este momento estoy demasiado ocupada.

Algunas recomendaciones

◆ Si insiste, le dices: «¿Y por qué no me das tu número? Lo apuntas, pero no le llamas (no le has dicho que le llamarás).

- Recurriremos al lenguaje corporal. Nos mostraremos relaja-
das. Sonreiremos y le miraremos a los ojos. Mantendremos la
voz calmada y diremos algo así como: «Gracias, me siento
halagada, pero es que estoy muy ocupada»: No hay que
hablar demasiado rápido. Responder con una inflexión de
voz descendente al pronunciar la palabra ocupada, sin dejar
de mirarle a los ojos.

- No tomárselo muy en serio. Sonreír. Si somos bromistas,
hacer alguna broma. El humor siempre alivia las tensiones.

Cosas a evitar

- Justificarte en exceso. Recuerda la máxima: nunca disculparte, nunca dar explicaciones. Puedes disculparte, si quieres,
pero no conviene que te dejes atrapar por excusas del tipo:
«Mi jefe me hace trabajar horas extras y, aunque me encantaría salir contigo, estoy agotada y...». Este tipo de excusas
sólo consiguen prolongar la agonía.

- Yo, personalmente, evito decir «No puedo». Indica pasividad y,
además, da a entender que querría, pero me resulta imposible.
Así se deja la puerta abierta para su insistencia, argumentando
que en realidad sí podríamos, ahora o más adelante.

Tener en cuenta que

- No somos responsables de sus sentimientos.
- Tenemos derecho a decir que no.
- Tenemos derecho a pasar nuestro tiempo libre como más nos
apetezca.
- También tenemos derecho a cambiar de opinión. Todos lo
hacemos, constantemente. Podemos llamarle por teléfono y
decirle: «Lo siento, pero he estado pensándolo mejor y no
debería haberte dicho que sí, en realidad no quiero salir contigo». Si no conseguimos su teléfono, podemos acudir a la

cita y decirle de entrada que hemos cambiado de idea y que nos volvemos a casa. No se acabará el mundo por eso.

Si no lo hacemos así, le estaremos dando esperanzas vanas. ¿No es preferible decirle que no de entrada, amablemente, que darle largas?

¿Y si nosotras queremos tomar la iniciativa?

No le pedí a ningún hombre que saliera conmigo hasta que tenía 30 años. Es decir, que sólo salía con hombres que tomaban la iniciativa. Una amiga me hizo ver que en realidad yo no ligaba, que me ligaban a mí. Además, pensé que aunque lo tradicional era que los hombres tomaran la iniciativa, lo tradicional ya no funcionaba en nada, así que no estaba de más cambiar los papeles y ver qué pasaba. Así que le propuse una cita a un chico que me gustaba y acabamos saliendo juntos seis meses. En la actualidad ya no me da vergüenza. Si me gusta un hombre, le pido que salga conmigo. Y a ellos les encanta.

Rosa, *sobre el hecho de tomar las riendas de su propio destino*

Demostrarle a alguien que nos resulta atractivo es arriesgado. En una encuesta publicada por la agencia matrimonial británica *Dateline,* los resultados mostraban que sólo al 23% de hombres y al 37% de mujeres les resulta fácil aproximarse a personas desconocidas. A veces, aproximarse a personas conocidas puede ser incluso más complicado.

Un día, navegando por internet para recoger materiales sobre el tema de las citas, me tropecé con un libro titulado *Baby, All Those Curves and Me With No Brakes: 500 New No-Fail Pick-Up Lines for Men And Women* (*Cariño, tú con esas curvas y yo sin frenos: 500 frases infalibles para ligar con hombres y mujeres*). No sé tú, pero seguramente en mi caso, ante un piropo así habría respondido: «Cariño, toda esa labia y yo sin orejas». A continuación expongo varias maneras de hacerle saber que nos gusta sin meternos en líos. O, quién sabe, tal vez metiéndonos en el mejor de los líos.

Maneras de aproximarse a un hombre

El mejor consejo que puede darse es no complicarse la vida. Si el hombre que nos gusta trabaja con nosotras, le preguntaremos cosas del trabajo hasta que un día le propondremos seguir hablando de los temas laborales en el bar de la esquina, tomando una copa (o, si es posible, le enviaremos un e-mail proponiéndole que tomemos una copa; así evitaremos que nos vea ponernos rojas de vergüenza). Si el hombre que nos atrae es del gimnasio, le pediremos que nos explique cómo funciona un aparato. Si trabaja en un video-club, le pediremos que nos recomiende una película entretenida.

Kate soñaba con un compañero de trabajo desde hacía siglos, pero no se atrevía a dar el primer paso. Un día, decidió cambiar de táctica:

Cada lunes me obligaba a preguntarle qué había hecho el fin de semana,. Nunca me respondía nada que tuviera que ver con novias ni nada por el estilo, así que en una ocasión en que me dijo que había ido al cine, le propuse, así, a bocaja- rro, que fuéramos juntos algún día a ver alguna película. Se puso rojo como un pimiento y me dijo que le encantaría, que miraría la cartelera del periódico y vería qué películas valían la pena, y que quedaríamos. Resultó que yo también le gus- taba desde hacía tiempo pero estaba muy inseguro y no pen- saba que yo estuviera interesada en él.

Si no le conocemos

Algunas frases de ligue bastante eficaces con hombres des- conocidos:

◆ Eh, Mark! ¡Oh, perdón! Creía que eras otra persona.
◆ Es el cumpleaños de mi hermano la semana que viene y quiere unas zapatillas deportivas. ¿Te importa que te pregun- te dónde te has comprado las que llevas?
◆ Te veo mucho por aquí. ¿Te molestaría que te invitara a una copa?
◆ Sé que puede parecer muy descarado, pero mi amiga ha apos- tado una copa conmigo a que no soy capaz de presentarme. Me llamo...
◆ Perdona, ¿conoces alguna cafetería por aquí cerca? ¿Necesi- to tomar algo.

Parece ser que todas estas frases-anzuelo sirven para iniciar conversaciones e incluso para intercambiar teléfonos.

Averiguar si está libre

Recordemos la regla 8 de las 25 reglas de la buena soltera: Los hombres de otras mujeres están prohibidos, aunque sean ellos los que nos vayan detrás. A continuación se dan algunos consejos y pistas para indagar sobre la disponibilidad de los hombres que nos interesan, y para pasarlo bien mientras dure la investigación.

◆ El anillo de casado.

◆ Un anillo cualquiera; se puede preguntar si es un anillo de casado y ver qué respuesta nos da. Acto seguido, sutilmente, podemos preguntarle si tiene pareja.

◆ Preguntarle dónde vive y, luego, si vive con alguien.

◆ Preguntarle lo que hizo el fin de semana pasado. Si no proporciona pistas interesantes sobre su estado, seremos más directas y le preguntaremos: ¿Y fuiste con tu novia?

Si todas estas preguntas son demasiado sutiles y no nos llevan a la respuesta deseada, siempre nos queda el recurso de mirarle directamente entre la sien y la oreja y preguntarle: «Bueno, ¿y tú, sales con alguien?».

Si todas estas aproximaciones no le despiertan recelos y no nos pregunta las mismas cosas a nosotras, pero aun así seguimos interesados en atrapar a ese pez, tendremos que buscarnos nosotras mismas las técnicas.

Cómo proponer una cita
a un hombre para que diga que sí

De acuerdo. Puede que hayamos hecho todo lo dicho arriba pero el hombre que nos gusta o es muy tímido o es muy lento. También puede ser que le hayamos visto sólo una vez en una habitación llena de gente y no le volvamos a ver a menos que lo planifiquemos. O que la última vez que lo vimos estuviéramos saliendo con alguien pero ahora no y él no lo sepa. Así que lo que hay que hacer es pedirle una cita abiertamente.

Estamos ya en el nuevo milenio. Todas esas reglas que dicen que el hombre tiene que tomar la iniciativa están pasadas de moda, ¡son del siglo pasado! Si queremos algo, vamos a por ello y ya está. Quién sabe si puede ser el amor de nuestra vida.

Por teléfono

Ventajas: No nos ve si nos ponemos rojas. No ve a nuestra amiga partiéndose de risa en un rincón. Si dice que no, la retirada es más fácil.

Desventajas: No siempre sabemos su número de teléfono. Podemos pillarle en un mal momento.

Por e-mail

Ventajas: No ve si nos ponemos rojas ni detecta el nerviosismo de nuestra voz. Si dice que no, ninguno de los dos tiene que volver a referirse al tema.

Desventajas: Puede haber problemas técnicos que hagan que nuestro mensaje desaparezca en un agujero negro; si no responde, seguimos sin saber qué pensar.

En vivo y en directo

Ventajas: Podemos sonreír, coquetear y poner en práctica cualquier técnica de lenguaje corporal que se nos ocurra.

Desventajas: Es más difícil en caso de negativa.

Invitarle a salir con un grupo de gente

Puede ser a una fiesta, a un partido de algo.

Ventajas: Es algo informal. Hay otras personas.

Desventajas: Tal vez no se dé cuenta de que es una cita. Tal vez no se presente. Tal vez se líe con nuestra mejor amiga.

Una manera infalible, según dicen:

La técnica de la apuesta

Sólo sirve si estamos en una fiesta, en el trabajo o en un contexto social y no vale si el hombre que nos gusta es un desconocido que está en la otra punta de una sala abarrotada de gente.

Funciona de la siguiente manera: Mostrar desacuerdo por algún dato sin importancia que haya comentado; la letra de alguna canción, el nombre de algún jugador de fútbol, lo que sea, siempre que se pueda demostrar. Proponerle que el que no tenga razón le pague una cena al otro. Si está de acuerdo, ya habremos conseguido una cita con él; si no, sabremos que no está interesado.

No se puede perder, porque, aunque no ganemos la apuesta, saldremos a cenar con él, que es lo que queríamos.

Consejos

- ◆ ¡Lánzate a la piscina! Piensa: «¿Por qué no? A todos nos gusta que nos inviten a salir, es muy halagador». Si dice que sí, es una sensación muy emocionante, da mucha confianza.
- ◆ Expresa las cosas directamente, sin vacilaciones: «He pensado que podríamos ir a tomar algo juntos».
- ◆ No te atasques con muletillas de duda: «Ehhh... esto...».
- ◆ Ensaya un poco primero con tu mejor amiga. Imagina lo que él dirá y cómo responderás. Al menos así pasarás un buen rato.
- ◆ Si te dice que no, respóndele algo así: «Ah, bueno, no importa, era sólo una idea». No intentes convencerle. ¿Acaso eres masoquista?
- ◆ Se concreta. «¿Te gustaría ir conmigo al cine algún día?» puede convertirse en nunca. En cambio, «¿Quieres venir a ver (tal película) conmigo el viernes?» es mucho más concreto y es mucho más probable obtener resultados.

¿Y si se trata de un amigo?

Se trata de un dilema muy frecuente y muy delicado.

Hemos cultivado nuestra amistad con un hombre como se indica en el capítulo 10 y gradualmente nos vamos sintiendo más amistosas que de costumbre. La pregunta es, ¿a él le pasa lo mismo?

Sólo lo descubriremos si decimos algo. Y, al hacerlo, se corren riesgos reales. Tal vez perdamos una amistad valiosa desde el punto de vista emocional. Nos arriesgamos a que nos rechace (después de todo, no nos ha dicho nada). Y nos arriesgamos a la vergüenza de que todos nuestros demás amigos acaben enterándose.

Debemos sopesar si merece la pena. Teniendo en cuenta, eso sí, que la amistad es la base de cualquier relación amorosa digna de vivirse.

Tendremos que preguntarnos hasta qué punto es algo serio, pensar en si hemos recibido alguna señal por su parte. Y, si al final nos decidimos a dar el paso, recurramos a todas las armas de nuestro arsenal de seducción, apliquemos todo lo que sepamos sobre lenguaje corporal, halaguémosle. En este caso, es mejor insinuarlo sutilmente que decírselo directamente.

Mary era amiga de un compañero de trabajo, David, desde hacía un año. Llegó el día de la fiesta de Navidad del despacho. Estuvieron charlando, como de costumbre, y luego bailaron juntos. Pusieron una balada, se acercaron el uno a la otra y aquello fue el detonante.

> *Fue como si nos pasara la corriente, dice ella. Me pidió que nos fuéramos de allí y nos fuimos y no hemos vuelto a separarnos desde entonces. Pero el caso es que ninguno de los dos éramos conscientes de nuestros sentimientos hasta que bailamos aquella canción de Marvin Gaye.*

De todas maneras, si el lenguaje corporal no funciona, siempre se puede optar por arriesgarse un poco y decir: «¿Sabes que me resultas atractivo?» Si nos responde algo así como «Sí, pero eres Elaine», ya sabemos a qué atenernos. Si nos dice, «Lo siento, yo no te veo así», le responderemos «No importa, podemos seguir siendo amigos» y llorar un poco cuando lleguemos a casa. Reconocer una atracción mutua es una señal de madurez, aunque no se llegue a ninguna parte.

Si sale corriendo y no soporta la situación, ¿qué tipo de amigo es ése?

Por otra parte, cabe la posibilidad de que acabéis juntos para siempre, comiendo perdices. Buena suerte.

Citas a ciegas pero seguras

Me siento como la reina de las citas a ciegas. He quedado con gente a la que he conocido en la sección de anuncios de alguna revista, a través de internet, o en los bares de solteros. En éstos, primero echas un vistazo y a veces encuentras a alguien que te gusta y a veces no. En el caso de los contactos de las revistas y de internet, el proceso es el inverso: Primero hablas, luego les ves. Es frecuente enamorarse de una cara bonita y pensar que no importa si tenemos gustos diferentes, porque nos atrae físicamente. Pero la verdad es que al final sí importa.

Pero si por teléfono o internet ya vemos que tenemos opiniones muy diferentes pero no les vemos la cara, siempre nos queda la duda de haber desperdiciado una posible oportunidad.

Yo siempre pienso que lo que tenga que ser, será.

Joanne, *la reina de la cita a ciegas*

He ido a tantas citas a ciegas que creo que deberían regalarme un perro lazarillo.

Wendy Leibmanm, *actriz de comedia*

Tal vez no conozcamos a nadie de nuestro entorno que nos resulte atractivo. Tal vez se nos haya acabado la gente a la que gustamos. Tal vez, simplemente, no estemos conociendo a la gente adecuada. Tal vez estemos hartas de ir a bares o hasta a clases de cerámica con la esperanza de que Patrick Swayze se siente a nuestro lado y nos ayude con el torno. Cuando las cosas se ponen difíciles, es el momento de actuar. Y, a veces, actuar pasa por recurrir a refuerzos románticos.

En la actualidad, el estigma que tal vez existiera en el pasado sobre los que hacían uso de agencias matrimoniales y de contactos ha remitido.

Cada vez es mayor el número de personas que se apunta a este tipo de agencias, y muchos periódicos tienen secciones dedicadas a los corazones solitarios. Además, son miles las personas que se lanzan a la red electrónica cada día, conectándose a unos chats que han ampliado enormemente la oferta y que, hace sólo diez años, ni siquiera existían.

La agencia de relaciones de pareja más importante del Reino Unido, *Dateline*, atribuye el boom de los últimos años al hecho de que ya no hay tantos trabajos fijos como antes y la movilidad es mucho mayor. Su directora de relaciones públicas, Pam Bathe, asegura:

> *La sociedad ha cambiado muchísimo en las últimas dos décadas, y ello se debe en parte a lo que sucedió a finales de la década de 1980, cuando la bolsa se desmoronó. Ahora la gente es mucho más itinerante. Tiene que ir en busca del trabajo allá donde esté.*
>
> *Se dan muchas situaciones de reubicación laboral, en las que la gente se traslada a otra ciudad y no conoce a nadie. No tiene amigos en sus inmediaciones. Así que lo más lógico es que recurran a los servicios de una agencia de contactos interpersonales.*

Eso, y el hecho de que las mujeres no se contentan ya con sentarse a esperar a su príncipe azul, que llegará a su puerta montado en un blanco corcel, significa que cada vez hay más gente que asume el control de sus aventuras amorosas.

Es más, el nacimiento de un nuevo milenio parece que no ha hecho más que acelerar las cosas. En *Dateline* se asegura que, mientras que enero es el mes con más incorporaciones a su agencia –no hay nada como pasar la Navidad y la Noche Vieja solos para decidirse a conseguir pareja de cara a las próximas Navidades– el cambio de milenio ha elevado esas cifras a categoría de epidemia. Durante el mes de enero de 1999, la cifra de incorporaciones en *Dateline* fue el doble que la de otros meses de enero de años anteriores, pero es que la cifra ya no disminuyó. Hacia enero del 2000, en el momento de imprimir este libro, *Dateline* preveía que las incorporaciones volverían a aumentar entre un 50% y un 100%. Que nadie lo dude: este tipo de agencias funcionan.

Ya he perdido la cuenta del número de personas que conozco que se encontraron a través de los anuncios de los periódicos y las revistas. Sé del caso de una pareja que se enamoró a primera vista frente al cajero automático en el que habían quedado y que, tres meses después, ya estaba esperando... ¡trillizos! Llevan diez años, y siguen juntos. Sé de dos que, a la primera llamada telefónica, descubrieron que vivían en la misma calle. Llevan siete años viviendo en la misma casa.

Y conozco a una divorciada que, desesperada por encontrar a alguien, se apuntó a *Dateline*, hambrienta de romanticismo. En realidad nunca había salido en plan romántico con ningún hombre, y hacía bromas con su amiga diciéndole que se casaría con el primero que apareciera con un ramo de rosas.

Conoció a un hombre encantador un día y acordaron verse al día siguiente. Llovía a cántaros, el paraguas se le rompió y además, habían quedado en uno de los sitios menos románticos del mundo: el aparcamiento de unos grandes almacenes. Pero pronto se olvidó de la lluvia y de todo lo demás, porque allí estaba él, con un gran ramo de rosas. «Casi le dí el sí quiero allí mismo».

No se lo dijo aquel día, pero sí pocas semanas después, cuando él le propuso matrimonio. Desde entonces, todo ha ido sobre ruedas. Aunque el suyo fue un romance vertiginoso, lo cierto es que todo lo que quisieron lo tuvieron a su alcance –hasta el restaurante donde fueron en su primera cita–. El vestido de novia lo consiguió llamando al azar a una tienda que había encontrado en las páginas amarillas y resultó que tenían el modelo que quería y su talla.

Todo esto demuestra que sí, que el destino recurre a veces a las agencias matrimoniales.

Así, lo mejor que puede pasar es que encontremos al hombre de nuestra vida; lo peor, que tomemos un par de cafés aburridos con un hombre que no serviría ni para encender el gas de la cocina, y mucho menos nuestro corazón. Pero mientras tanto, el hecho de haber empezado a tomar las riendas de nuestro destino es el antídoto perfecto contra ese antiguo miedo: «¿Y si ya no vuelvo a encontrar pareja?».

Este factor es importante, en especial si llevamos mucho tiempo solas. Como en el caso de Louise, que afirma:

No tuve una experiencia especialmente satisfactoria con la agencia matrimonial, en el sentido de que no conocí a una pareja estable. Pero me fue muy bien para hacerme sentir que estaba haciendo algo. Y aquello me fue muy beneficioso, muy positivo. Tenía muy claro que seguramente no iba a encontrar al hombre de mi vida, pero me sentía bien porque estaba creando mis propias ocasiones. No me gustaba saber que no tenía opciones. Así que la agencia me sirvió para incrementar las probabilidades de conocer a alguien, y los encuentros fueron igual de incómodos que habrían sido de haber conocido a aquellos hombres de cualquier otro modo; ni más ni menos.

Hay gente reacia a recurrir a las agencias porque cree que adoptar una actitud científica –conseguir una cita a través de un programa de ordenador– es poco romántico. Pero, como dice Pam Bathe: «Puede ser muy romántico, encontrarse a una hora determinada, con una rosa en el ojal».

Y, aunque no encontremos al amor de nuestra vida a través de una agencia o internet, quién sabe si haremos nuevos amigos y, tal vez gracias a ellos sí encontremos al «amor verdadero». Kate explica:

A través de una agencia, conocí a un chico con el que estuve saliendo unos meses. Él fue quien me hizo conocer el mundo del buceo, que me encanta. Y gracias a él conocí a Martin, un amigo muy dulce, y estoy encantada de no tener una relación con él. Pero ahora es uno de mis mejores amigos, y de él he aprendido muchas cosas de los hombres. Y todo gracias a la agencia.

A pesar de todo, siempre pueden surgir recelos y preocupación cuando recurrimos a una agencia o a internet. ¿Y si aún así no conseguimos pareja?

¿Y si por no ir a la agencia no encontramos a nuestra media naranja?

Tal vez la ventaja más clara de recurrir a una agencia es que, cuando estamos frente a frente en la cafetería, durante la primera cita, los dos sabemos que vamos en busca de lo mismo: amor. No sólo sexo, ni aquello tan socorrido de «No estoy seguro de querer una relación seria». A veces, estos jueguitos tontos ni siquiera se dan. Con suerte, no malgastamos nuestro tiempo ni nuestras emociones en alguien que de entrada pinta bien pero que resulta no estar disponible. Y, si la cosa sale mal, la forma en que le hemos conocido hace que el adiós sea más fácil.

A continuación se dan algunas claves para sacar el mejor partido de las agencias matrimoniales...

Agencias matrimoniales

Ventajas

Se encargan del trabajo previo y de descartar las incompatibilidades más obvias. Además, todas las personas con las que nos ponen en contacto están lo suficientemente interesadas como para haberse apuntado en una agencia, por lo que demuestran un deseo superior a la media de encontrar pareja. Las agencias matrimoniales afiliadas a las asociaciones nacionales deben operar según un código deontológico que les obliga a dar información clara sobre sus tarifas, para evitar abusos en relación a los precios y a las posibles devoluciones. Además, deben informar del número aproximado de miembros inscritos en nuestra zona.

Desventajas

Puede salir caro. Y, si por lo que sea no encontramos a nadie que nos llame la atención, nos parecerá que es dinero tirado a la basura. Además, algunas agencias pequeñas de ámbito local son bastante sospechosas. Cualquiera puede montar una agencia de este tipo, y hay muy poca normativa al respecto. En 1993, un hombre arruinado que había montado su propia agencia acabó en la cárcel por drogar y violar a las mujeres que respondían a su anuncio. Lo más recomendable es recurrir a las más conocidas, a los nombres con más reputación y a las que están afiliadas a las asociaciones nacionales de agencias matrimoniales.

Consejos y advertencias
sobre las agencias matrimoniales

Tener una actitud positiva
Pam Bathe dice:

> *A veces la negatividad es una profecía que acaba por cumplirse. Los que sacan el mejor partido de mi agencia son los que van a por todas, los que se sacuden el polvo acumulado y empiezan de nuevo con la moral bien alta. Y también los que no son muy cerrados en relación a la personas a las que conocen. Se conforman si encuentran a alguien que reúna el 60% de las características de su compañero ideal, en vez estar pendientes de que sea exactamente lo que querían.*

No perder el buen humor
Como Louise, quien cuenta:

> *Algunas de las experiencias que tuve en la agencia matrimonial son bastante divertidas. La más divertida me sucedió cuando, por el hecho de trabajar como ilustradora, intentaron emparejarme con un hombre que había renunciado a una carrera de éxito para ser artista. Aunque es algo bastante evidente, en realidad para mí es un obstáculo que alguien se dedique a algo que yo no pueda respetar desde el punto de vista artístico. Aquel hombre insistió en que, antes de conocernos, fuera a ver sus obras de arte porque –dijo– si no me gustaban seguramente tampoco me gustaría él. Fui a verlas y me quedé horrorizada. Todo me parecía muy inmaduro, y sus santos de devoción en el mundo del arte*

eran gente a la que yo detestaba. Estaba claro que la cosa no saldría bien. La agencia no lo entendía, pero para nosotros dos la cosa estaba clara. Les dije a los de la agencia que su obra me parecía muy inmadura y que seguramente él también lo sería. Estaba claro que no habría podido apoyarlo en su creación de semejantes bodrios.

No desfallecer

Otro caso. El de una mujer divorciada con tres niños pequeños y poco presupuesto. Llamaba desde la oficina a los hombres de la lista que le habían dado y les dejaba un mensaje en el contestador animándoles a que le devolvieran la llamada. Había un tipo que no tenía contestador y nunca estaba en casa. Un día, decidió que lo intentaría por última vez. Resultó que había huelga de trenes y que aquella mañana estaba en casa. Acabaron casados.

Hay que ser realistas; que los de la agencia crean que debemos llevarnos bien con alguien no implica necesariamente que tenga que ser así. Louise comenta:

Me emparejaron con otro hombre interesado en el arte, aunque este no era artista. Le encantaba la idea de salir con una artista, pero tenía un trabajo de oficina, con un horario muy marcado, y mi estilo de vida, sin horarios ni ataduras, le horrorizaba. Aunque sea lo más normal en la mayoría de artistas. Soy freelance; nunca sé dónde me va a salir el próximo trabajo y él no lo habría soportado.

Asegurarte de que el primer encuentro sea breve

Es mejor quedar para tomarse un café o una copa después de comer. Así, como dice Pam Bathe, si algo va mal siempre podemos poner la excusa de que tenemos que ir a la tintorería a recoger algo.

No darle demasiada importancia al físico

Muchas veces las mujeres exigen que su posible acompañante mida 1,90 m, y se niegan incluso a hablar con hombres de menos estatura. Pam Bathe cree que el mayor error que cometen los que buscan pareja en una agencia es ser demasiado selectivos con la apariencia física:

Se lo digo muchas veces a las mujeres que piden hombres altos: si estuvieras en una cena y te lo estuvieras pasando muy bien con un hombre que te pareciera muy atractivo; si ese hombre se levantara de pronto y descubrieras que no llega al metro noventa, ¿estás segura de que te negarías a salir con él? Algunas me responden que sí, que se negarían. Bueno, no hay problema, en la agencia estamos para prestar un servicio, para darle a la gente lo que pide. Pero, en el fondo, es la persona lo que cuenta, no su aspecto.

No esperar que nos encuentren un millonario

Es frecuente que las mujeres que recurren a los servicios de una agencia busquen hombres de una posición económica estable, o que tengan un nivel salarial similar al suyo. Pero las agencias no se encargan de cotejar salarios (se correría el riesgo de atraer a «cazafortunas»). Lo que sí recomiendan es especificar algunas restricciones en relación al nivel cultural de los posibles candidatos (por ejemplo, excluir a los que tengan notas académicas bajas). Con ello se asegura prácticamente que las mujeres de posición desahogada conozcan a hombres de un nivel muy parecido.

No precipitarte al convenir una primera cita

Las agencias recomiendan que, antes del primer encuentro, la posible pareja hable al menos dos o tres veces (preferiblemente más) por teléfono, o se envíe correos electrónicos o cartas. No recomiendan quedar al calor de la primera llamada, por mejor que haya ido.

No sentirte obligada a una cita
si no te da buena espina por teléfono

Decir algo así como: «Me alegro de haber hablado contigo por teléfono, pero no estoy segura de que seamos compatibles y no quiero que pierdas el tiempo».

No dar por sentado que están libres

Hay pruebas que demuestran que algunos hombres casados recurren a las agencias matrimoniales o a internet para ligar. No está de más asegurarse.

Anuncios en revistas y periódicos

Ventajas

Suelen ser de ámbito local, o están orientadas a un cierto perfil de persona (no son iguales las personas que leen una u otra publicación). Tenemos el control absoluto de cómo darnos a conocer. Son más baratos que los servicios de una agencia. Como responder es mucho más sencillo que inscribirse en una agencia, cualquiera puede hacerlo, incluso gente que normalmente nunca recurriría a este tipo de contacto, pero a quien le ha picado la curiosidad al leer nuestro anuncio.

A veces funcionan. Algunas de estas páginas de contactos en las revistas y periódicos llevan más de 30 años funcionando ininterrumpidamente.

En todo este tiempo, ha habido algunas bodas, la más sonada la de tres hermanas en Inglaterra que conocieron a sus respectivos esposos a través de las páginas de contactos de la famosa revista *Time Out*.

Desventajas

No hay foto. La selección de todas las cartas debemos hacer-la nosotras mismas, y algunas pueden ser muy raras. Siempre se corre el riesgo de que nadie responda. Las facturas de teléfono pueden resultar muy caras (porque las líneas de teléfono a las que se llama para que nos pongan en contacto con las personas que nos interesan suelen ser de pago).

El tema de la seguridad no está tan controlado, evidente-mente, como en el caso de las agencias, aunque, si algo muy grave sucediera como consecuencia de haber respondido el anuncio de una revista o periódico, la publicación debe tener algún registro que podría poner a nuestra disposición en caso de que quisiéramos poner una denuncia a la policía.

Poner un anuncio propio

Las siete reglas de oro

1. Concéntrate en ti, no en ellos. Si te describes a ti misma, atraerás a hombres a los que les guste lo que leen. Si explicas lo que quieres de un hombre, tal vez acabes acotando dema-siado y excluyendo posibles candidatos con características muy positivas pero que tal vez se te han pasado por alto a la hora de redactar el anuncio.
2. Es mejor demostrar que decir. Por ejemplo, en vez de decir: «Tengo sentido del humor», pon un anuncio gracioso. Demuestra que eres una mujer culta e inteligente a través del uso de palabras que lo dé a entender, mediante una estructu-ra clara y apoyándote en descripciones originales y creativas.
3. La creatividad te hará sobresalir del montón. Los anuncios personales pueden adoptar la forma que quieras; un poema, un supuesto «anuncio de trabajo». Vi una vez un anuncio en internet que estaba hecho íntegramente a base de títulos de

películas combinados para describir ingeniosamente a la persona que había puesto el anuncio.

4. Cuenta de ti lo que te gustaría saber de ellos. Haz una lista de las cosas más importantes que te gustaría saber de alguien antes de responder a un anuncio. Es muy posible que los demás quieran saber lo mismo de ti. Si trabajas, ¿qué haces?, ¿has estado casada?, ¿quieres hacer nuevos amigos, o lo que te interesa es conocer a esa persona especial para vivir junto a ella el resto de tu existencia?

5. La edad no lo es todo, pero... es el punto de partida para mucha gente. Conviene por tanto incluir la edad en el anuncio. Si no queremos decir la edad exacta, podemos recurrir a la aproximación «veinteañera....», «cuarenta-y-pocos...». Si tenemos 40 pero nos sentimos como si tuviéramos 16, lo especificaremos en el anuncio. Si buscamos a alguien que no esté en nuestra misma franja de edad, debemos especificarlo. Hay que tener en cuenta que poner franjas de edad demasiado genéricas –entre 20 y 60 años, por ejemplo– suena algo sospechoso y desesperado, cosa que puede limitar las respuestas. De la misma manera, una franja demasiado estrecha (de sólo uno o dos años) también puede resultar rara. Tal vez no respondan ni los que cumplen el requisito. La sinceridad es siempre la mejor estrategia –decir la edad y evitar márgenes de ningún tipo es lo que siempre se recomienda–.

6. Detalles, detalles. ¿Cuántas veces hemos leído anuncios que rezan más o menos así: «Me gusta el cine, la música y salir por la noche». ¡Esta frase serviría para definir a la mayoría de la población! Se trata de destacarse del resto de la gente. Así que es más recomendable destacar el título de alguna película reciente que hayamos visto y nos haya gustado. O enumerar los estilos musicales que nos gusten, o títulos de canciones de nombres de cantantes. Si nos gusta ir a restaurantes italianos o a bailar música folk a los bares de pueblo, lo pon-

dremos en el anuncio. Los detalles siempre proporcionan un retrato más preciso de lo que somos.

7. Una vez más, la sinceridad es la mejor estrategia –no sólo con la edad, sino con todo–. No importa quién seamos, qué tipo de persona estemos buscando, con la verdad por delante siempre tendremos más probabilidades de encontrar pareja, y sin tantas decepciones por el camino.

Consejos para responder anuncios

◆ No respondas nada de inequívoco contenido sexual.

◆ Se inventiva en las respuestas. En uno de los anuncios por palabras de *Time Out,* un hombre buscaba a una mujer que fuera la «heredera de una fábrica de bombones». Le respondió una mujer que le envió una caja de falsos bombones, cada uno envuelto con un mensaje en el que contaba cosas de sí misma.

Tal vez le dio mucho trabajo, pero consiguió una cita. Siempre hay que hacer caso del sexto sentido (*véase* el capítulo siguiente).

Internet

Estoy harta de estar sola. Por eso internet me parece bien. Puedo hablar con gente. Me conecto por las noches, cuando estoy en casa. Y no siempre hablo con posibles candidatos a salir conmigo.

He llegado a tener verdaderos ataques de risa chateando los viernes por la noche. Y pensaba que era curioso estar ahí sentada delante del teclado desternillándome de risa con gente a la que no conocía de nada. Pero puede crear mucha adicción, mucha.

Joanne, *hablando de sus hábitos de navegante*

Ventajas

No está restringido a una zona concreta –el mundo entero está al alcance de nuestra mano–. Es más barato que una agencia. Es nuevo. Es emocionante. Es fácil (ni siquiera tenemos que arreglarnos ni ponernos «guapas»). Hay gente que se muestra mucho más abierta por escrito que de palabra. Los chats parecen seguros. Incluso podemos ocultarnos bajo un seudónimo cibernético si queremos. Podemos poner fin a los contactos fácilmente, en cualquier momento, con cualquiera.

Desventajas

No llegamos a ver con quién estamos hablando. No hay nadie ni nada que filtre las respuestas que obtenemos. Puede tener unas connotaciones más sexuales que con otros medios. No está sometido a ningún código, como en el caso de las agencias. Puede crear adicción, y las adicciones son caras. Y, además, el mundo está lleno de locos sueltos.

Se trata, con diferencia, de la manera nueva de hacer amigos y establecer relaciones nuevas que más éxito está teniendo. Las cifras hablan por sí solas. Un portal gratuito de citas por internet dio a conocer los siguiente resultados:

◆ Número de anuncios gratuitos colocados en las últimas 24 horas: 1.411.
◆ Búsquedas realizadas en las últimas 24 horas: 72.000.
◆ Mensajes recibidos en las últimas 24 horas: 6.817.

El servidor de internet *aol.com*, por ejemplo, ha propiciado 1.200 bodas gracias a su página de contactos, el *Love Shack*, que se inauguró el día de san Valentín de 1996. Los periódicos están llenos de historias de personas que viven en puntos muy distantes del planeta, que se conocen gracias a la red y que hacen lo posible por trasladarse a vivir al lado de su nuevo amor, al que no han visto jamás. Como en el caso de Katrina Gibbon, una británica que conoció al canadiense Paul Graham y decidió hacer las maletas y trasladarse a Winnipeg sólo cinco días después de su primera conversación por internet. Quién sabe cómo se puede estar tan seguro de algo cuando en realidad uno aún no ha visto a la nueva pareja en persona, y evidentemente aún no se ha acostado con ella, pero ella lo estaba.

Y además, estas relaciones pueden funcionar. Como comenta una usuaria de una de estas páginas de contactos:

> *Conocí a mi esposo a través de internet en octubre de 1997. Yo estaba en Minnesota, EE. UU., y él en Inglaterra. Me trasladé al Reino Unido el 12 de junio de 1998 y nos casamos en septiembre del año pasado. Nuestro caso ha salido en algún periódico. De momento nos va bien... pero nos hemos dado tiempo para conocernos mejor. Ocho meses por internet y miles de llamadas telefónicas. Puede salir bien y a veces sale bien, pero hay que ir con cuidado. Se dice que cada uno tiene su media naranja, y que hay que besar a muchas ranas antes de dar con el príncipe azul. Nadie es perfecto, pero internet es una manera de eliminar de entrada muchos casos. En este sentido es más práctico que ir a los bares. Lo único que recomiendo es actuar con cuidado y ser amables; es sorprendente a quién podemos llegar a conocer. Buena suerte.*
>
> **Jen**

Así que si alguien desea imitar a Jen, algunas cosas a tener en cuenta:

> *Lo bueno de internet es que puedo escribir con mucha decisión. Por ejemplo, un hombre me envía una foto y le res-*

pondo que lo siento, pero que no es mi tipo, y le deseo buena suerte. De hecho, hace poco un chico valoró tanto mi sinceridad que seguimos chateando. Acabé encontrándome con él un par de veces, pero tenía razón; no me gustaba. Sin embargo, normalmente ahí acaba la cosa.

A continuación expongo las recomendaciones básicas de dos personas que, por su trabajo, se pasan la vida frente a una pantalla, en contacto con cibernautas que buscan cita: Matt Whyman y Philippa Perry.

Recomendaciones

◆ Busca amigos, y no sólo posibles parejas. Philippa Perry dice:

No aconsejo chatear sólo para conseguir novio. Si nos interesa la música clásica, podemos apuntarnos a un club de amigos de la música clásica. Es mucho más probable que conozcamos a alguien con el que surja algo. Si nos apuntamos a clubes de mujeres para hombres, es más probable que conozcamos a hombres «depredadores». Conozco a una mujer que conoció a un hombre en un portal sobre arte. Vivía en Chicago, pero al cabo de poco se fue a vivir con ella.

◆ Recurre a los «chats» como «mercados iniciales». Pero, al conocer a alguien que te guste, es mejor pasar directamente al servicio de mensajería instantánea (la mayoría de servidores ofrece este servicio); es confidencial y privado. Matt Whyman dice:

Si buscamos relaciones serias, es importante salir de los chats cuanto antes, para no perder el tiempo con gente que no interesa.

◆ Practica. Se puede usar los chats para mejorar nuestras aptitudes de navegación. Matt Whymann asegura que:

> *Al principio, la cosa es más bien cuestión de ir probando. Por ejemplo, para empezar puede ser mejor entrar en algún chat de Los Angeles, porque nos queda muy lejos y no hay posibilidades de contacto real; pero más adelante, cuando tengamos más confianza, podemos entrar en alguno de nuestro país, de nuestra zona.*

◆ Ten cuidado. La persona con la que chateamos puede no ser como aparenta. En palabras de Matt Whyman:

> *Ese tipo adorable de Birmingham puede acabar siendo un camionero machista de Georgia. Como se pueden usar nombres falsos y hasta inventar identidades ficticias con el pretexto de ser extranjeros, nunca existe la seguridad absoluta. Además, hay un montón de hombres casados que chatean. Yo tengo un consultorio on-line para jóvenes, y me encuentro con consultas como la de este chico: Tengo 14 años y hace poco conocí en un chat a una mujer de 25. Le dije que yo también tenía 25 años, y ahora me escribe cosas que no entiendo.*

◆ Aparta la relación de internet lo antes posible. Pasa al teléfono. La voz de una persona –además de su reacción ante el hecho de la llamada– dice mucho de lo que internet a veces disfraza.
◆ Pásalo bien. Como aconseja Philippa Perry:

> *Personalmente, me lo paso mejor cuando soy yo misma. Eso es lo que a mí me funciona en internet. A otros tal vez les guste más ser personajes inventados, y a veces eso puede*

*desencadenar la atracción de otras personas a las que tam-
bién les guste lo mismo. Para algunos, ser personajes inven-
tados es mostrar lo que son de verdad.*

◆ Conoce y respeta las normas que se aplican en las secciones
de contactos. A pesar de que parece que conocemos íntima-
mente a alguien a quien hemos encontrado por correo elec-
trónico, es bueno hacer saber a nuestros amigos dónde estamos y todas esas medidas de seguridad. Aunque ya llevemos
un mes viviendo una relación cibernética, el primer encuentro sigue siendo una cita a ciegas.

Advertencias

◆ No facilites tu nombre completo, tu dirección ni número de
teléfono hasta estar segura del todo. Nunca al principio. Matt
Whyman dice, en este sentido:

> *Si en un principio podemos llamar desde una cabina o un
> teléfono móvil, las posibilidades de meterse en un lío son
> menores.*

◆ No rechaces a la gente de entrada. Philippa Perry señala que:

> *A veces no entendemos el ritmo de escritura de alguien, o su
> estilo especial. Pero bajo esa apariencia puede esconderse
> un hombre maravilloso. Como sucede en la vida real, los
> prejuicios pueden llevarnos a la soledad.*

◆ No des por sentado que surgirá el amor cuando se produzca
el encuentro real. Matt Whymann comenta:

> *El hecho de que nos abran su corazón por internet es muy
> halagador, así que cuando les conocemos en el mundo real*

y vemos que no sabemos qué decir, a veces se produce una decepción muy grande. Hay que ir con una mentalidad abierta y no dar por sentado que todo irá tan bien como cuando era virtual.

Finalmente, siempre queda la alternativa clásica...

Las citas a ciegas

Ventajas

Nuestros amigos (que son quienes la han organizado) saben qué tipo de hombre nos gusta. Si nos gusta el mismo tipo de gente (si tenemos amigos comunes, se supone que es así) entonces ya tenemos algo en común. Y algo de lo que hablar. Y es un sistema totalmente gratuito.

Desventajas

Nuestros amigos pueden tener unas ideas muy peculiares del tipo de hombre que puede gustarnos. Tal vez después nos sintamos avergonzadas frente a nuestros a amigos, en especial si descubrimos que es un pesado. Además, los amigos de nuestros amigos son limitados, y al cabo de un tiempo las ocasiones se acaban.

En el momento del encuentro

Las siguientes recomendaciones sirven para el momento del encuentro, tanto si el origen es una cita a ciegas, una agencia matrimonial, la respuesta a un anuncio por palabras o un contacto cibernético:

1. Una vez accedas a la dirección y el teléfono de la posible cita, le llamarás de inmediato. Si no se facilita el teléfono

pero sí la dirección, le escribirás una carta breve y cordial de presentación. No debes visitar nunca a nadie que no te haya invitado.

2. No hay que dejarse convencer por esas tonterías de que las mujeres no deben dar el primer paso. El recurso a las agencias y a los anuncios por palabras desacredita totalmente esas teorías absurdas y pasadas de moda. Los hombres que también están inscritos en las agencias o que publican anuncios, esperan que las mujeres les llamen.

3. No llames nunca a horas intempestivas (tarde por la noche o a primera hora de la mañana). Asegúrate de estar hablando con la persona en cuestión, la que ha ido a la agencia o puesto el anuncio. Si es otra la persona que responde el teléfono, debes ser discreta. Si dejas un mensaje (a otra persona o al contestador automático) no debes mencionar nada de la agencia ni del anuncio; hay gente que comparte piso y no quiere que sus compañeros estén al tanto de su vida privada.

4. Si ves que alguien no es lo que estás buscando, no debes ponerle la excusa que ya tienes pareja. Es mucho más considerado ser sincera y decirle que prefieres no llegar más lejos, además de desearle suerte con su búsqueda.

5. Deberías responder todas las cartas y las llamadas. Sienta mal no recibir respuesta cuando nos hemos tomado la molestia de escribir o llamar. Tratemos a los demás como nos gustaría que nos trataran a nosotras.

6. Hay gente que congenia de inmediato por teléfono, y nacen flechazos instantáneos; de todas maneras, no está de más esperar a mantener algunas conversaciones más o a recibir varias cartas antes del encuentro, para saber más cosas del otro. No hay que desanimarse si el flechazo no surge de inmediato —hasta las mejores relaciones tardan un poco en desarrollarse–.

7. El primer encuentro debe realizarse en un lugar público. Hay agencias que recomiendan que sea para tomar un café por la tarde, o una copa después de comer. No hay que programar una primera cita muy larga –toda una noche juntos puede resultar un desastre en el caso de que no nos llevamos bien–.

8. Asegúrate de disponer del nombre completo y el número de teléfono de la persona con la que vas a salir, para poder llamarle con tiempo en caso de tener que cancelar o retrasar la cita.

9. La seguridad personal es básica: nunca debes invitar a nadie a casa en una primera cita (ni ir a su casa). Tampoco debes aceptar que te lleven a casa en su coche –debes ir y volver por tus propios medios, por lo que es importante asegurarte de tener dinero para el transporte público o el taxi y conocer los horarios de trenes y autobuses–. Tampoco está de más informar a alguien de a dónde vas, con quién vas a salir (está claro que no hace falta decir que le has conocido a través de una agencia o un anuncio por palabras) y a qué hora estarás de vuelta en casa.

10. Antes de la cita, es importante ponerse de acuerdo en la ropa. Puede ser violento llegar a la cita vestida de manera informal y descubrir que nuestra pareja va «de 21 botones», y viceversa.

11. Ante todo, se consciente de que es posible que la persona con la que te vas a encontrar también esté nerviosa. Sonreír es una buena manera de romper el hielo.

La ley de Murphy del amor

Nunca, nunca en mi vida he conocido a un hombre en una fiesta o en los lugares en los que se supone que se conocen.

Claro que he charlado con hombres en bares y en discotecas, pero nunca ha surgido ningún romance con ellos. El novio con quien más tiempo estuve llegó a mi vida cuando estaba más contenta con mi soltería; de hecho ya llevaba 18 meses viviendo sola y acababa de volver de mis primeras vacaciones en compañía de una amiga. Me sentía muy bien conmigo misma y juraba que encontrar pareja era la última de mis prioridades. Estaba con un grupo de gente y, cuando le vi en el bar pensé que era muy guapo y, acto seguido, me sorprendió porque hacía mucho tiempo que ningún hombre me hacía pensar así.

Luego, más tarde, cuando iba a Bellas Artes, nunca se me ocurrió pensar que allí conocería al hombre de mis sueños ni que aquello estaría lleno de hombres solteros. Fue un shock enorme descubrir que un chico guapísimo empezaba a ligar conmigo. Recuerdo que pensé que me había matriculado para estudiar arte, no para ligar con chicos. Mi experiencia me dice que es cuando nos sentimos a gusto con nosotras mismas cuando conocemos a alguien.

Tengo una amiga que siempre deseó tener una casa en propiedad, pero esperó años y años y no se mudó de apartamento porque pensaba que no podía tener una casa hasta que conociera al hombre de su vida. Al final, se rindió y se compró la casa sola. Dos semanas después, conoció a un hombre en el trabajo sin proponérselo, y eso que llevaba cinco años asistiendo a todas las fiestas que se le ponían por delante, por si acaso. Creo sinceramente que los mejores hombres se encuentran cuando nos preocupamos de otras cosas.

> **Leah,** *que está de acuerdo con la máxima*
> *que dice que quien no busca encuentra*

Es algo que está muy arraigado en la sabiduría popular. La experiencia cotidiana lo avala. Pero la experiencia popular también avala que hay miles de parejas que se han conocido gracias a agencias, a internet, etcétera. Dada la falta de estudios relevantes sobre el tema, cada una puede creer lo que más le convenga. Teniendo en cuenta, eso sí, que no hay nada malo en vivir nuestra vida...

El infalible sexto sentido

La semana pasada quedé con un hombre al que conocí a través de internet. Me envió su foto y no me gustó su aspecto, pero tenía una Harley Davidson y a mí me encantan las motos, así que pensé: «Bueno, vamos a darle una oportunidad, es sólo una noche».

Llegué a la hora estipulada y él llegó tarde así que le vi llegar y pensé: «¡Oh, mierda!».

No le había hecho caso a mi sexto sentido, que me decía que era un gilipollas aburrido. Que es lo que resultó ser. Lo de la Harley era una trampa.

Cenamos juntos, lo cual fue un error, porque tardamos dos horas (demasiado). Me dijo que me llevaría a casa y yo pensé: «Bueno, al menos me llevo un paseo en moto». Llegamos a mi casa y le di las gracias. Empecé a caminar en dirección a la puerta y él me preguntó si volveríamos a vernos. Yo le dije que no. Y ahí terminó todo. Me siento mucho mejor cuando me muestro más sincera y abierta.

Lola, 32 años, sobre los peligros de ignorar nuestras corazonadas

¿Cómo se puede saber si esa persona que acabamos de conocer por internet vale la pena? ¿O si el hombre que se presenta en un bar es alguien que seguiría gustándonos a la implacable luz del día?

Por suerte, contamos con un instrumento muy poderoso a nuestra disposición que nunca nos juega malas pasadas en caso de que lo necesitemos. Es nuestro sexto sentido, lo que a veces se llama intuición femenina. Le podemos llamar como queramos, pero el caso es que funciona. Y funciona a nuestro favor.

Pensemos en nuestros pasados desastres con las citas. En la inmensa mayoría de los casos somos capaces de recordar algún detalle, alguna pista que nos decía algo de la persona que acabábamos de conocer. En una ocasión, una amiga le comentó a un hombre con el que salía por primera vez y que acabaría convirtiéndose en su pareja, que tenía que irse de viaje de negocios al extranjero. De pronto el rostro de aquel hombre se ensombreció y le dijo: «Ah, ya sé cómo son esos viajes, te acabarás acostando con alguien». Lógicamente, a ella le ofendió la falta de respeto que mostraba hacia su persona. Años después, echando la vista atrás, aquel primer comentario le pareció revelador de sus celos, su carácter posesivo, su falta de confianza, su comportamiento de naturaleza controladora.

Lo bueno del sexto sentido es que, cuanto más se usa, más se afina. Y para usarlo basta con hacerle caso, con ser conscientes de cómo se manifiesta.

Puede ser simplemente que no nos guste el aspecto de ese hombre cuando le conocemos. Puede ser una sensación vaga que nos dice que no saldría bien. A veces lo que pasa es que estamos enfadadas y no sabemos por qué. En ocasiones se expresa mediante una serie de pistas –como, por ejemplo, darnos cuenta de que no nos está escuchando, o que no deja de interrumpirnos–. A veces constatamos que aparta la mirada de nuestro rostro cuando nos habla. O puede que tenga tanta experiencia en el arte del flirteo que una vocecilla en nuestro interior nos dice: «Todo esto suena un poco gastado; creo que esto lo debe de haber dicho muchas veces ya».

Una vez tuve una de esas corazonadas. En mi primera cita con un hombre, éste me dijo: «Dime cuál es tu sabor favorito, tu tacto favorito, tu visión favorita, tu olor y tu sonido favoritos». En realidad era algo muy sensual, muy romántico y, para ser sincera, muy excitante. Cuando llegamos al final de la cena, dijo en voz alta: «Camarero, tráigame la cuenta por favor, para poder salir de aquí y besar a esta mujer». Sin embargo, mi sexto sentido me lanzaba señales de advertencia: puede que todo esto sea muy excitante, pero hay algo que no me gusta. Hay algo frío, forzado en todo esto. Es como si estuviera actuando y no se sintiera tan romántico ni transportado como parecía estar. El caso es que mi sexto sentido tenía razón. Don charlatán resultó ser un seductor patológico. Estoy seguro de que aquellas mismas expresiones las ha usado con incontables mujeres.

Un experto en lenguaje corporal me comentó en una ocasión que nuestro sexto sentido es en realidad el resultado de las conexiones que las neuronas establecen con nuestro almacén de conocimientos en relación a personas y comportamientos. Si hemos visto a Saddam Hussein por la tele, hemos visto a un psicópata en acción, y de alguna manera eso se queda en algún lugar del cerebro y nos acordamos. Más adelante, cuando conocemos a alguien en un bar, y empieza a hacer algo que nos recuerda de alguna manera al Saddam Husein que vimos en la tele, nuestro cerebro registra algo así como: «¡Psicópata!».

Con todo, también somos expertas a la hora de ignorar los mensajes que recibimos. Yo lo he hecho tantas veces que me parece increíble que mi pobre intuición aún funcione. Lo que pasaba era que, apenas mi sexto sentido empezaba a operar, mi mente lo rechazaba con racionalizaciones del tipo: «Oh, en realidad no está tan mal», «Oh, debe estar nervioso», «Tiene un trabajo interesante, así que le voy a dar otra oportunidad». Con mi segundo esposo, ¡conseguí ignorar mi sexto sentido hasta después de la boda!

Sin embargo, ahí estaba. El sexto sentido es una realidad. Todas lo tenemos. Y es un criterio valioso que sirve hasta para evaluar a gente a la que conocemos a través de internet. Como en el caso de Joanne, que tras dos años de citas intrépidas, afirma que:

> *De alguna manera, se sabe. Si alguien nos envía un correo electrónico o si le conocemos en un chat, y resulta que todo gira en relación al sexo y no consigue salirse del tema, sabemos que sólo le interesa el sexo. Hasta por e-mail se puede saber cuál es el estado de ánimo de una persona. Es interesante. Es una especie de corazonada. El otro día, un chico me envió un correo privado que decía: «¿Te van los cambios de pareja?» Yo le respondí que no, y pensé que si preguntaba eso era porque estaba casado. Así que se lo pregunté y me respondió que no, que era separado. Me envió una foto y me pareció bien. Hablamos algunas veces más, por teléfono, y quedamos para comer, pero yo seguía desconfiando de algo que no sabía qué era. Así que, a la noche siguiente, le envié un mensaje con otro nombre: «Hola, ¿te apetece hablar?» Y me volvió a mencionar lo del cambio de parejas otra vez. Bajo mi identidad falsa, le volví a preguntar si estaba casado, y esta vez me dijo que sí. Le pregunté si a su esposa no le importaba, y me dijo que no, que se querían. Y yo pensaba, «¡Qué cerdo!». Así que pensé que no tenía sentido salir con un hombre casado.*

Está claro que es fácil que, con el nerviosismo, nos asalten dudas sobre la idoneidad de los hombres a los que conocemos. Por eso, a menos que nuestro sexto sentido nos avise a gritos, es importante darles una oportunidad. Si sigue desviando la mirada, tal vez sea porque está nervioso. En esto debemos de confiar en nuestro instinto. Para eso sirve la intuición femenina. Si no estamos seguras, concedámosles el beneficio de la duda y volvamos a quedar; de todos modos, si estamos seguras, estamos seguras y no hay nada que hacer.

Cómo potenciar el sexto sentido

Qué hacer

- Pensar en nuestras fallidas historias de amor anteriores y en la información que tuvimos al principio. Pensar en cómo nos llegó esa información. ¿Fue algo que dijo? ¿Su aspecto? ¿Una sensación general que teníamos? ¿Qué puso en marcha las señales de alarma? Por el contrario, si fueron exitosas, ¿qué fue lo que nos hizo saber que aquellos eran los hombres adecuados? Todas recibimos los mensajes de nuestro sexto sentido de distintas formas, dependiendo de si somos personas que operan principalmente en el plano visual, auditivo o de sensaciones. Saber cuál es nuestra vía de recepción nos ayuda a sintonizar la frecuencia para que nos lleguen de manera más clara.

- Recordar que lo que importa no es lo que dice, sino lo que hace. Las acciones dicen más que las palabras. Así que si nos dice que nos llamará y no lo hace, o si dice que quiere iniciar una relación con nosotras pero coquetea con todas las mujeres que se le ponen por delante, hay que sospechar. ¿Tiene un comportamiento coherente? ¿Es ambiguo? ¿Se compromete con algo y lo lleva a cabo? ¿Qué dice de sus relaciones anteriores? ¿Somos nosotras las que hacemos todo el esfuerzo?

- Si hay alguien en quien estemos interesadas en la actualidad, pensemos en cómo se produjo la aproximación. ¿Apareció de manera impositiva, impulsiva? ¿Con sentido del humor y sinceridad total? ¿Nos quedamos sentadas sin hacer nada, esperando que esa persona diera el primer paso? ¿O fuimos nosotras las que cruzamos todo el gimnasio, por ejemplo, para encontrarnos con él? Los psicólogos suelen iniciar sus talleres de grupo sobre relaciones pidiendo a la gente que se agrupe de dos en dos y luego reflexionando sobre el procedimiento que ha escogido cada pareja para unirse, porque eso siempre ofrece pistas sobre la evolución de las cosas.

◆ ¿Es abierto? Una manera válida de juzgar a la gente es fijarse en lo dispuesta que parece a involucrarse o distanciarse. La disposición al compromiso se manifiesta en muchos gestos faciales –asentir, sonreír, pronunciar sonidos de aprobación–. Y también alentando al otro a hablar. Es más, cuando hacemos preguntas, ¡nos responden! No nos evitan ni aplican tácticas de evasión, como cambiar de tema. A veces, claro, los que se muestran distantes y fríos, puede ser porque tengan mucha vida interior oculta, pero lo cierto es que resultará más difícil llegar hasta ella. Las personas que se sienten a gusto consigo mismas tendrán una actitud más abierta y relajada. Y si mimetizan nuestro lenguaje corporal y nuestros movimientos, es que también les gustamos.

◆ Los movimientos de nuestro cuerpo suelen ser indicadores fiables de nuestras intenciones. Así que cuando alguien se nos acerca, es que suele desear una mayor intimidad; cuando se apartan o se echa a un lado, es que nos rechaza.

Detalles a tener en cuenta:

◆ No establecer mucho contacto visual: indica desvinculación, desinterés o duda.

◆ Clavar la mirada: obsesión por el control.

◆ Cruzar los brazos con fuerza: actitud defensiva.

◆ Mirar hacia otra parte: denota aburrimiento. O no les gustamos, o les gustamos pero tienen un umbral de atención comparable al de un mosquito.

◆ Movimientos rítmicos de balanceo: tensión, tal vez síntoma de haber consumido drogas (especialmente si se combina con dilatación de pupilas). Aunque puede deberse simplemente al estrés y a un consumo de grandes dosis de café.

◆ En los hombres, las caderas giradas hacia un lado y las manos apuntando hacia los genitales: este gesto, en apariencia, es una señal que indica inequívocamente que estamos ante un mujeriego.

◆ Mirar a los ojos, a la boca, escuchar atentamente, derrochar encanto: podría tratarse del típico «casanova». Es frecuente que este tipo de hombre recurra mucho al humor, que en su caso es como una cortina de humo que impide que nos acerquemos.

◆ Ordenar una y otra vez los cubiertos, recoger la pelusa de la alfombra: esclavo del control. Su apariencia física también será muy pulcra, y querrá que todo esté en orden a su alrededor. Colocará las bebidas en los posavasos, recogerá la ceniza caída...

¿Puede saberse si alguien miente?

Philippa Davis, experta en lenguaje corporal, dice:

Si las manos se van hacia la cara —pequeños gestos alrededor del rostro, como tocarse rápidamente la nariz o la boca— eso puede indicar que existe mentira. Otros indicios son apartar la mirada rápidamente o responder con mucha celeridad, así como un timbre de voz algo elevado. Los mentirosos suelen dar más información de la necesaria. Aportan demasiados detalles. Por ejemplo: «No he tenido nada que ver con esa tal señorita Lewinski». Todos sabemos quién es esa mujer.

La primera cita

Me encanta toda la teatralidad de las citas. Escoger la ropa que te vas a poner; ver que está nervioso y sudoroso y tomarle el pelo; salir a cenar sólo para coquetear y para besarse; Me gusta mucho más eso que tener una pareja estable, no porque sea una coqueta incorregible, sino porque no me gusta despertarme con un hombre al lado a menos que me guste mucho; la gente nunca es tan fantástica por la mañana.

María, *entusiasta de las citas*

Conocí a mi esposo a los 16 años, así que cuando era adolescente me perdí todo eso de quedar con chicos para salir. Cuando me separé supe que aquello era lo que necesitaba. Llegué a la fase en la que me pareció que tenía que hacer las cosas de otra manera, probar cosas que no hubiera hecho antes. Y estaba muerta de miedo. Al final, tuvo que ser mi hija la que me dijera que no tenía que tomármelo tan en serio, que no era lo más importante del mundo. Me recordó que, cuando era joven, yo le enseñaba a respetarse a sí misma y a no entregarse. Y ahora era ella la que me lo decía, y yo pensaba que seguramente tenía razón. Una vez modifiqué mi actitud, entendí lo divertidas que pueden ser las citas.

Therese, *aprendiz en citas*

Estas dos mujeres son los dos extremos opuestos del espectro nervioso relacionado con la primera cita. No todas las mujeres se sienten tan seguras como María ni tan nerviosas como Therese. Lo más frecuente es situarse en un punto medio entre las dos. Estemos donde estemos, como ya hemos dicho en el capítulo 16, es tranquilizador pensar que las citas no son el fin del mundo. De todas maneras, si a nosotras nos parece que sí lo es, tengamos un poco de paciencia con nosotras mismas y valoremos la importancia de la serenidad en estos casos.

Y no hay que olvidar que cierto grado de nerviosismo es inevitable. Como dice Pam Bathe, de la agencia matrimonial *Dateline:* «Cierto nerviosismo añade un no sé qué de atractivo al encuentro. Sería muy triste que eso se perdiera».

Recuerda que seguramente él también está nervioso

A veces nos parece que estamos participando en unos Juegos Olímpicos y que los jueces (o mejor, el juez único) está observando todos nuestros movimientos, decidiendo si nos merecemos una medalla o si nos descalifica. Así que existe la tentación de intentar hacer la mejor de las actuaciones, de creer que un solo fallo será suficiente para eliminarnos. Pero todos, desde los psicólogos hasta gente con mucha experiencia en las citas, aseguran que actuar y fingir es invocar el desastre. La mejor manera de enfrentarse a una primera cita es:

Ser una misma

Si normalmente hablamos por los codos, hablemos por los codos; si somos calladas, callémonos.

Es importante conocerse una misma. ¿Nos ponemos muy nerviosas en estas situaciones? ¿No nos preocupan lo más mínimo? Sea lo que sea, es importante saberlo y actuar en consecuencia, protegerse.

Antes de la cita

Therese (*Véase* página 279) se enfrentaba a la ansiedad que le provocaban las citas hablando con sus amigas, contándoles que estaba nerviosa y pidiéndoles su opinión sobre la ropa que debía llevar. Y asegurándose de que lo que se pusiera le hiciera sentirse cómoda y bien.

Es importante recordarnos de vez en cuando que: «No estoy aquí para que salga bien, sino para ver si esta persona me gusta o no. Si no me siento a gusto, no volveré a salir con ella».

Consejos

- Toma algún tranquilizante natural (de venta en muchas farmacias y tiendas de medicina natural). Toma un baño relajante de aromaterapia o enciende algún aceite balsámico. Toma algún medicamento homeopático para calmar los nervios (pregunta en la farmacia o contacta con algún homeópata local).
- Usa afirmaciones. Siempre que sintamos un aleteo nervioso en el estómago, conviene decir para nosotras mismas alguna de las siguientes frases:
  - Soy una mujer estupenda, atractiva, y cualquier hombre se consideraría afortunado de estar conmigo.
  - Hoy tengo confianza en mí misma, me siento ingeniosa, divertida, aguda, o lo que sea...
  - Pase lo que pase, lo sabré llevar.

- No pasa nada por coquetear y mostrarme atractiva.
- Soy digna de ser amada.
- Estoy atrayendo una relación sana y afectiva.
- No pasa nada por tener una cita.
- Es sólo un café con un hombre.

◆ Centrarnos en lo que nos pone nerviosas. Si es nuestro aspecto físico, decirnos que estamos estupendas. Si es nuestra capacidad para mantener una conversación, decirnos que somos divertidas, claras, directas, habladoras. Si tenemos miedo a que nos hagan daño, decirnos que, pase lo que pase, lo sabremos superar. Si tenemos miedo a la cita en sí, decirnos que no hay para tanto, que es sólo un café con un hombre, que tenemos mucha seguridad en nosotras mismas.

Qué ropa llevar

La ironía del guardarropa. Es aquello con lo que más se torturan las mujeres, y lo que los hombres más pasan por alto. En una encuesta realizada a hombres por la revista *Esquire*, el gusto por la ropa aparecía en noveno lugar en una lista sobre los atributos de la mujer ideal –por detrás de cuestiones como el buen tipo, la cara, el sentido del humor, las piernas, los ojos, los pechos, el culo y la inteligencia–.

Consejos

◆ Lleva algo con lo que te sientas cómoda, algo que no tengas que estar ajustando, revisando ni estirando todo el rato. Una mujer experta en primeras citas comenta: «Me gusta llevar ropa que me haga sentir sexy. Ello no implica prendas ajustadas ni enseñar mucho, sino llevar algo que sé que me sienta bien».

◆ Habla con quien vas a salir para saber si debes vestirte formal o informalmente. Si él ha decidido dónde vas a ir, debes preguntarle qué tipo de ropa es la más adecuada.

Advertencia

◆ No exageres. En todo caso, peca por defecto, pero no por exceso. Si vas demasiado arreglada, te sentirás incómoda; si vas demasiado provocativa, tal vez le envies un mensaje erróneo (o no, ¡todo es posible!). Es mejor que le muestres cómo es tu mente, no tu cuerpo.

Dónde ir

El cine

Se dice que si un hombre nos lleva al cine en la primera cita, es que sólo está interesado en una cosa, y que esa cosa no es la conversación. Ni la película. Sin embargo, una película es un tema de conversación neutro. El problema es que nos pasamos dos horas sentadas al lado de alguien a quien apenas conocemos, intentando concentrarnos, y la situación puede resultar algo incómoda.

Parece, de todos modos, que las películas de terror o de suspense son perfectas. Unos científicos norteamericanos llevaron a cabo un experimento en el cual se exponía a varios hombres a situaciones de miedo y luego se entrevistaban con mujeres investigadoras a las que tenían que evaluar.

Los hombres que mostraban más miedo o estrés eran los que siempre puntuaban más favorablemente a las mujeres y los que demostraban tener más probabilidades de llamarles para pedirles una cita. Así que podemos explotar el potencial afectivo que genera pasar mucho miedo y abrazarse para darse consuelo...

La comida

Es una opción segura. Es una situación controlada en el tiempo. Si el hombre es aburrido, la comida no tiene que durar mucho. Pero si se parece a Ewan McGregor y es tan divertido como Harry Hill, la sobremesa puede durar incluso toda la tarde.

El paseo

Tiene la ventaja de quemar el nerviosismo acumulado. Además, el movimiento maximiza la diferencia entre sexos: así como las mujeres se vinculan afectivamente mediante la palabra, los hombres lo hacen mediante la acción. Así que se puede sustituir el paseo por un partido de tenis, una salida a caballo, incluso un trayecto en canoa.

Luego podremos establecer un vínculo afectivo y, aprovecharnos del hecho de que los hombres se sienten más sensuales y ven a las mujeres con mejores ojos después de haber hecho algún tipo de ejercicio físico.

Consejo

◆ Asegurarse de llegar a tiempo (o llamar si vemos que nos retrasamos). Si llegamos tarde, sólo conseguiremos ponernos (y ponerle) más nerviosas.

Advertencias

◆ No hacer nada que nos haga sentir incómodas. Si cualquier actividad física que vaya más allá de sostener un tenedor nos aterroriza más que otra cosa, olvidémonos de ella y optemos por el cine. No acceder nunca a nada que en realidad no queramos hacer. Además de cualquier otra consideración, le dará una información errónea sobre nosotras.

◆ No ir acompañada nunca de nadie. En especial de nuestros hijos.

La cena

La cena es un buen escenario para conocerse mutuamente. Es un territorio neutral donde la comida y la bebida son una distracción haciendo que la tensión decrezca.

Consejos

◆ Da ideas. Los hombres odian tener que ser ellos los que siempre proponen los sitios.

◆ Cúidate. Si tienes problemas con la alimentación y las comidas te ponen nerviosa, no quedes para cenar. De manera análoga, si no soportas el alcohol, no bebas.

Advertencias

◆ No critiques sus fallos. Si se mancha la barbilla de sopa, o si la comida del restaurante que ha escogido no se la daríamos ni al gato, no le daremos la menor importancia. Ignora sus meteduras de pata, sus resbalones, sus torpezas, no les prestes atención, y te adorará el resto de la vida.

◆ ¡No emborracharte! Sí, todas lo hemos hecho. Y los nervios no ayudan, pero beber hasta perder el control el primer día puede hacernos decir (y hacer) cosas de las que más tarde podríamos arrepentirnos. Lo sé por experiencia. Una vez bebí más de la cuenta en mi primera cita con un hombre y le pregunté si quería tener hijos y, en caso afirmativo, si quería tenerlos conmigo.

Qué decir

Tanto si la primera cita se desarrolla en el supermercado o tomando el té en el Ritz, lo único que importa de verdad es que los dos hablemos largo y tendido.

Consejos

- Piropéale. Normalmente, lo primero que dice un hombre en una primera cita es: «Me gusta tu vestido». Y si no lo dice, debería decirlo. Sin embargo, ¿cuántas veces le devolvemos nosotras el cumplido? Uno de los hombres que entrevisté me dijo: «No me gusta que se dé por sentado que nosotros tenemos que hacer todo el trabajo. Si una mujer me dice algo agradable, para mí significa tres cosas: que está segura de sí misma, que es amable y no una dama de hierro y, lo más importante, que está interesada, cosa que me relaja mucho».

- Se tu misma. Si nos dice que acaba de licenciarse con matrícula de honor en alguna universidad de renombre, no tenemos que empezar a demostrarle que nosotras también somos grandes intelectuales. Si parece que se pasa el día viendo partidos de fútbol, no tenemos que fingir un interés por un deporte que no nos gusta (si es que no nos gusta). Si no le gustamos por lo que somos, es que no es el hombre adecuado.

- Decirle que estás nerviosa (si lo estás). Como ya explicamos en la primera parte del libro, expresar nuestros sentimientos nos ayuda a ahuyentarlos. Y si él admite que también está nervioso, esa coincidencia nos unirá más. Si, por el contrario, su respuesta es intentar ponernos más nerviosas, bueno, ya sabremos a qué atenernos.

- Pregúntale cómo se siente. Hay dos preguntas: «Ah, sí, ¿y a ti que te parece?» y «¿Qué piensas tú de eso?» que pueden revelar muchas cosas de nuestra posible pareja. En una primera cita, una vez le pregunté a mi acompañante cómo se sentía en relación a algo que le había sucedido y su respuesta fue: «No lo sé; nunca sé lo que siento». Y era verdad. Y yo estaba a punto de descubrir que no es fácil tener una relación con alguien que nunca sabe si está enfadado o entusiasmado.

- Tócale. El tacto establece intimidad, demuestra calidez y presupone familiaridad. Es una cura magnífica contra los nervios de la primera cita.
- ¡Escúchale!

Advertencias

- No le bombardees a preguntas que indiquen un interés excesivo en averiguar si sería un buen compañero para toda la vida. Mostrar interés está bien, pero sin caer en la chafardería o la invasión de la intimidad. Hay mujeres brillantes y seguras de sí mismas que asustan mucho a los hombres.
- No hables sin parar. Es un rasgo femenino, en especial cuando hay nervios de por medio, el hablar como si una estuviera entrenándose para los campeonatos europeos de cháchara. Pero, si no cierras la boca, ¿cómo vas a enterarte de cosas suyas?
- No menciones la palabra prohibida, diciendo por ejemplo: «La semana pasada estuve en la boda de mi hermana».
- No tengas miedo del silencio.
- No hables mucho de las ex parejas. ¿Recuerda el episodio de la serie *Friends* en la que Rachel se pasa toda una primera cita hablando sin parar de su ruptura con Ross? No es muy conveniente mencionar a los ex en la primera cita, en especial llamándoles por su nombre. Hace que nuestro acompañante se sienta incómodo.
- No te quejes sin parar del trabajo, la vida, la familia y en especial nuestros ex. Éste es el momento de hacer hincapié en lo positivo.
- Y no pronuncies nunca, nunca, la frase: «No se me dan bien los hombres». Esta frase (y otras por el estilo) ha de estar totalmente desterrada de nuestro vocabulario cuando hablemos con alguien que nos resulta atractivo. Despreciarnos a nosotras mismas no nos hará sentir mejor ni hará que él piense

mejor de nosotras, con lo cual la frase en cuestión acabará teniendo carácter profético.

¿Quién paga?

Consejos

♦ Ofrécete a hacerlo tú. Mi amiga Sue dice: «Yo en realidad creo que los hombres deben pagar en la primera cita –especialmente si son ellos los que nos han invitado a salir–. Pero siempre me ofrezco a pagar a medias. Si no lo aceptan, ello siempre da pie a invitarles nosotras la próxima vez.

♦ Sugiere que pagarás la próxima vez (si la cita ha ido bien).

Advertencias

♦ No insistas mucho en pagar a medias. Existe una parte primitiva en la mente del hombre a la que le gusta demostrar que puede «proveer». Dejémosle que lo haga.

♦ No pongas excusas a la hora de pagar, como por ejemplo: «Es que me he dejado el monedero en casa». Nos hace parecer mezquinas y poco sinceras.

La cuestión del «café»

Pedirle que suba a casa a tomar un café o no pedirle que suba a casa a tomar un café: ésa es la cuestión. Especialmente porque «un café» no siempre significa una bebida caliente.

Advertencias

♦ No se lo pidas si no te sientes totalmente segura con él, si estás muy cansada o si quieres retrasar el momento para aumentar su interés.

◆ No te sientas presionada a mantener relaciones sexuales. El sexo en la primera cita sólo está bien si a nosotras nos lo parece.

Un Consejo

◆ Hay mujeres que dicen que ése es el único momento en el que los dos miembros de la pareja se empiezan a relajar. Pero hay que ir con mucho cuidado. Una vez invité a subir a casa a un hombre que en el restaurante se había comportado como todo un caballero. Pero al llegar a casa se metió directamente en mi dormitorio y se negó a salir hasta que amenacé con llamar a los bomberos.

Quedar una segunda vez

Consejos

◆ ¡Adelante! Si lo hemos pasado muy bien y nuestro sexto sentido nos dice que él también, ahorrémonos el estrés de obsesionarnos después preguntarnos si le habremos gustado o no, y tanteemos el terreno. Le diremos algo así como que hemos pasado una noche muy agradable. Si él no capta la idea, añadiremos: «¿Te parece bien que volvamos a vernos?» o «¿Te apetecería salir conmigo otra vez?» (pero con un tono que denote que él sería el afortunado, no que estamos desesperadas). Si no da una respuesta clara, entonces sabremos que la cosa no ha ido tan bien como creíamos. Pero al menos ya lo tendremos claro. Y, si dice que sí, nos sentiremos muy bien.

Advertencias

◆ No digas, en un tono de voz aterrorizado, implorante y dubitativo: «¿Estás libre mañana?».

- No te hagas la interesante en exceso si el hombre te gusta. Es posible que malinterprete nuestro juego de reinas frías y distantes y crea simplemente que le estamos rechazando y se aleje de nuestra vida igual de rápido que ha llegado.

Después

Consejos

- Dale una segunda oportunidad. El estrés, los nervios y las expectativas de la primera cita pueden hacer que la gente haga cosas raras. El nerviosismo puede ser el responsable de que haya hombres que hablen por los codos, y su deseo de impresionar puede dar a entender que son unos fanfarrones arrogantes. A menos que sean unos absolutos imbéciles, los hombres, al igual que los coches y las casas, ganan la segunda vez que los vemos.
- Recurre a tu sexto sentido (*véase* capítulo 20, página 271) para ver qué te parece.

Advertencias

- No caigas en la desesperación si la cita ha salido mal. No se acaba el mundo. Incluso en el caso de que el hombre en cuestión nos gustara y el sentimiento no fuera recíproco, al menos ahora ya lo sabemos, y no han tenido que pasar diez años ni hemos perdido más que unas pocas horas de nuestro precioso tiempo.
- No le juzgues en función de lo que pensarían de él tus amigos, padres o hijos. Eres tú la que en todo caso puedes llegar a verle en calcetines.
- No empieces a buscar mentalmente damas de honor ni escuelas para tus hijos. Mantén las expectativas al nivel mínimo. Estás en los primeros días. Todas las mujeres con quienes

hablé para este libro me dijeron que habían pasado por la experiencia de vivir una primera cita maravillosa y que luego el acompañante en cuestión no les llamó nunca más.

Los desastres de las primeras citas

Si nuestra cita no ha ido muy bien, siempre nos queda el consuelo de pensar que no ha sido tan mala como los casos que expongo a continuación:

Llegó media hora tarde, y acompañado de su mejor amigo, que me insultó de entrada: cuando comenté que trabajaba en un banco, me dijo: «Oh, ya se ve que trabajas en algo aburrido» y me bombardeó a preguntas como si fuera una carabina que intentara alejarme de su amigo. Me sentí furiosa, y deseé con todas mis fuerzas que mi mejor amiga también estuviera allí para equilibrar un poco las cosas. Por más increíble que parezca, y eso me pasa por tonta, quedé con él dos veces más después de aquello, pero luego comprendí que no estaba interesado en una relación, cosa que ya había simbolizado de algún modo trayendo a su amigo a la primera cita.

Estaba tan nerviosa con aquel chico, porque me gustaba mucho. Pero cuando salimos juntos me dí cuenta de que bebía bastante, y yo no bebo. Sin embargo, cometí el error de pensar que debía seguirle el ritmo. Al principio me sentía bien, pero de pronto me noté muy borracha, al salir del restaurante. Entonces me pasó lo peor que me podía haber pasado: vomité en el taxi que nos llevaba a casa. Ni qué decir tiene que no me volvió a llamar. Y yo me sentía tan avergonzada que no me atreví a llamarle.

Se pasó toda la noche girándose para mirar a otras mujeres. Es más, tuvo el valor de pedirme mi opinión sobre una de ellas –una rubia especialmente despampanante–. Yo le respondí: «Está claro que no tenemos absolutamente nada en común». Y me levanté y me fui.

Estábamos en un local tomando una copa y mucha gente que le conocía se acercaba a saludarle. No me presentó a nadie, y a mí aquello me pareció un poco maleducado. Se lo comenté, y él me respondió que lo sentía, pero que no se acordaba de mi nombre. Aquello no fue una buena señal.

Nos llevábamos muy bien y me dijo que se sentía cómodo hablando conmigo, cosa que me halagó mucho. Luego me dijo que estaba enamorado de su ex y que sabía que nunca volvería a sentir lo mismo por ninguna otra mujer. Supongo que mi cara debía parecer un poema, porque me dijo: «Perdóname, pero es que necesitaba hablar con alguien y como tú me pareces una persona tan comprensiva...».

Todo iba sobre ruedas, y de pronto me dijo que yo era de otra religión y que nunca volvería a salir con una gentil. Debí haberle preguntado por qué me había pedido una cita si ya sabía que yo no era judía, pero no lo hice y la conversación se apagó después de aquello.

La historia ganadora

Fuimos a tomar un café y al principio las cosas fueron bien. Luego me dijo que fuéramos al parque. Hacía sol y empezamos a caminar. De pronto se sacó un walkman del bolsillo y me pidió que escuchara unas canciones que había compuesto con sus colegas. Entonces pareció entrar en un estado de ansiedad muy fuerte y se fue hasta un supermercado, dejándome allí sola escuchando rock duro. Volvió al cabo del rato con un montón de latas de cerveza y empezó a contarme que era alcohólico en fase de rehabilitación y que acababa de salir de una desintoxicación de cocaína. Yo pensé que aquello se estaba estropeando por momentos. Y me tomé una cerveza yo también.

Se tomó una cerveza y de pronto se convirtió en una especie de loco. Me dijo que era la mujer de sus sueños. Que era increíble, que podríamos vivir felices toda la vida. Todo esto que estoy contando pasó en el transcurso de dos horas. Luego empezó a contarme una historia elaboradísima sobre el enorme tamaño de su pene: «Puedo llevar a una mujer a otra dimensión», me decía. Cada vez estaba más borracho y yo le dije: «Me lo he pasado muy bien, pero ahora tengo que irme». Me agarró la mano y me dijo: «Tú de aquí no te mueves».

Me daba mucho miedo pensar que pudiera perseguirme por la calle o algo así. Yo también había bebido una cerveza y no tenía las ideas muy claras. Le sugerí que entráramos a un bar, porque pensé que desde allí sería más fácil escabullirme. Luego atendió una llamada desde su móvil y me pareció que era algo de tráfico de drogas. Decía algo así como «Diez mil, diez mil, nos vemos donde siempre». Me levanté y le dije que no toleraba más aquella situación. Él me dijo que no estaba comprando drogas, sino joyas para mí, porque me amaba. Así que recogí mis cosas y me dije que la cita había terminado. Me siguió hasta la estación, sin dejar de gritarme por el camino. Cuando llegué a casa había nueve mensajes suyos en el contestador automático. Tuve que cambiarme de número para conseguir que dejara de llamarme.

¿Como te va?

He empezado a salir con alguien, pero llevaba dos años viviendo sola –intermitentemente–. Antes de eso, había tenido pareja estable unos siete años.

Me siento como si todos los meses de vida solitaria hubieran durado sólo un fin de semana. Ahora me parece que tengo que enfrentarme a muchas más cosas que cuando estaba sola. Casi me parece que tengo fobia al compromiso.

El otro día, estaba en el supermercado y casi tuve un ataque de pánico al pensar que tenía que comprar unos cereales para que él pueda desayunar algo antes de irse a trabajar, cuando se queda en casa. Pero es que, sencillamente, no estoy dispuesta a comprar comida que yo no vaya a comer. Hay muchas cosas a las que no quiero volver. Como, por ejemplo, tener que dejar de sintonizar mi emisora para poner la suya. Y además, tengo muchos problemas con la ropa interior de James desperdigada por toda la casa. Me siento un poco mezquina recogiéndosela y dándosela, pero lo hago. Me encantaba vivir sola. Creo que voy a tener muchos problemas para crear una relación de pareja, porque me he malacostumbrado, me he mimado mucho.

María, *en referencia a los retos que implica volver a empezar*

¿Qué tal va?

Como dijo una mujer muy inteligente a la que entrevisté para hacer este libro, el amor hace aflorar todo lo que no es como él. Si conocemos a un hombre cariñoso, amable y disponible, seguramente nuestra alegría no tendrá límites. Pero también, por más extraño que parezca, puede hacernos zozobrar.

Si eso es lo que nos sucede, no debemos preocuparnos, es natural. En especial cuando nos han hecho daño en el pasado.

El amor puede reactivar viejas heridas que aún necesitan cura. Cuando Rosa conoció a Andrew, se sintió desbordada por todo tipo de emociones:

> *Fue muy raro. Me sentía muy feliz. Me sentía agradecida por haber encontrado finalmente el tipo de relación que quería. Y también tenía mucho miedo, y para él era muy duro (bueno, para los dos, porque estábamos juntos) porque él era feliz y yo me sentía triste muchas veces. Me sentía triste por todo el tiempo malgastado; me compadecía de mí misma por toda la energía malgastada; me sentía enfadada por haber tenido que soportar a personas complicadas; me sentía asustada porque me había mostrado abierta de verdad y aquello me había hecho vulnerable.*

Todo esto demuestra que volver a salir con hombres hace aflorar los sentimientos. Y no sólo las sensaciones de emoción y excitación del enamoramiento sino, de vez en cuando, otros sentimientos más sombríos y en ocasiones más difíciles de abordar. Normalmente se trata de situaciones que ya creíamos superadas.

Salir con hombres de nuevo puede destapar la caja de las emociones de muchas maneras diferentes:

- Abrirnos a alguien de nuevo, mostrarnos vulnerables, vernos expuestas otra vez a un posible dolor, puede dar miedo.
- Encontrar a alguien que por fin nos muestra su afecto puede hacer aflorar la ira por los amores que no lo hicieron.
- Hablar con alguien nuevo sobre el pasado (cosa que siempre sucede) puede hacer aflorar a la superficie dolores irresueltos.
- Que una persona ocupe parte de nuestro tiempo (y de un espacio de nuestro armario para poner sus cereales) puede hacer nacer recelos e irritabilidad. En especial si vivimos solas y nos encanta.
- Volver a mantener relaciones sexuales puede recordarnos la última persona con quien nos acostamos. O la persona con la que no llegamos a acostarnos, a nuestro pesar. Tal vez nuestra pareja de ahora no sea tan buena en la cama como «él». O tal vez sea mejor, y eso nos haga sentirnos tristes por haber tenido que conformarnos tanto tiempo con tan poco.
- Volver a practicar el sexo puede hacer aflorar las inseguridades en relación al propio cuerpo, a nuestro aspecto. Esta inseguridad tiene que ver con todos los temas y las falsas creencias con relación al sexo. Como la ambivalencia sobre si en realidad nos gusta o no. O la creencia profunda de que tal vez no seamos dignas de amor.

Todo ello puede hacer que nos sintamos incómodas con nosotras mismas porque se supone que debería ser un momento de gran felicidad en el que todo se ve color de rosa. Y no un momento en el que los viejos fantasmas vuelven a perseguirnos.

¿Qué puedes hacer?

- Con suerte, después de leer y trabajar con el capítulo 13, ya tendrás más facilidad para identificar tus emociones. Es bueno que reconozcas ante ti misma, ante él y ante los demás que te encuentras en un estado vulnerable.

♦ Habla con amigos, anótalo todo en el diario pero, sobre todo, habla con tu pareja de lo que sientes. Tal vez te dé miedo, pero al hacerlo conseguirás que el mal trago pase más rápido. Por lo demás, ¿acaso quieres iniciar una relación de pareja en la que no puedas comunicar las emociones difíciles ni encontrar apoyo ante ellas?

♦ Ten en cuenta que las cosas pueden ir tan rápido o tan despacio como queramos. Somos las responsables del 50% de la relación. Tenemos el 50% de la capacidad de decisión en cosas como cuándo quedar y con qué frecuencia. Se puede incluso hacer una lista de todas las cosas de la vida de soltera deseamos mantener ahora que tenemos pareja. Como en el caso de María, que asegura que:

> *Antes de separarme pensaba que mi estado natural era vivir en pareja; pero ahora, los mismos amigos que me decían que estaba hecha para vivir en pareja me dicen que estoy hecha para vivir sola, y eso es muy halagador. La verdad es que me cuesta mucho soltar las riendas de mi vida. No me gusta que mi novio haga planes de encuentros a largo plazo y, el otro día, cuando ponía por escrito las normas de nuestra nueva relación, una de ellas fue que al menos tres días a la semana tenía que estar sola, porque no soporto estar acompañada todas las noches.*

¿Cómo lo lleva él?

> *Llevo 14 meses viviendo sola y, en este tiempo, he conseguido crearme un hogar muy agradable que ha sido como mi santuario, mi lugar de curación. Me mostraría muy reti-*

cente a la hora de dejar entrar en él a cualquiera, así, sin más. Me gustaría que hubiera un hombre en mi vida, pero también hay muchos aspectos de mi vida de soltera que valoro mucho: por ejemplo la falta de compromiso, y el hecho de que ser soltera me ha permitido explorar muchas áreas diferentes de mí misma y de mi vida. Así que no estoy dispuesta a renunciar a mi estado de soltería así como así. Hay cosas que preferiría mantener como están, como las salidas con mis amigas solteras, el tiempo que tengo para estar conmigo misma. También me parece que tengo más claro lo que estoy buscando. No me conformo con cualquier hombre, sino que quiero a alguien que me valore.

__Kate__, hablando de que la soltería bien asumida nos hace ser más selectivas

Así que aparquemos temporalmente la cuestión de si es el momento adecuado para iniciar una relación o si él es el hombre adecuado.

Si no estamos seguras

He aquí algunas preguntas que podemos plantearnos en relación con nuestra nueva pareja:

- ¿Me trata bien?
- ¿Me siento a gusto cuando estoy con él?
- ¿Estoy cómoda físicamente en su compañía o me siento tensa?
- ¿Creo que puedo mostrarme tal como soy en su presencia?
- ¿Me avergüenza?
- ¿Podría presentárselo a mis amigos?
- ¿Me tiene respeto? ¿Me deja tener mis propias opiniones?
- ¿Me muestro vehementemente en desacuerdo con algunas de las cosas que dice?
- ¿Me gusta escucharle?

- ¿Me escucha él a mí?
- ¿Habla sólo él? ¿Es difícil hablar con él?
- ¿Bebe mucho o toma muchas drogas?
- ¿Se me activa alguna señal de alarma en su presencia?
- ¿Comparte mis mismos valores o creencias?
- ¿Qué me dice mi proverbial sexto sentido?
- Si tengo alguna reticencia –y dado que nadie es perfecto– ¿puedo vivir con esas dudas o más bien me dan miedo?

Tal vez la culpa sea de la educación que hemos recibido, o de que mientras los niños corretean por el patio las niñas cuidamos de nuestras muñecas, pero lo cierto es que nos han enseñado a entregarnos y a centrarnos en los demás; y a ellos, en cambio, les educan para centrarse en lo que quieren.

Reglas

- La sensación que despierta la nueva relación de pareja debe ser de comodidad.
- Tenemos derecho a que nos traten con consideración y respeto.
- Y, si no nos sentimos a gusto y creemos que no nos tratan con respeto... adiós, muy buenas.

¿Y si no vuelve a llamar?

Se trata de una angustia típica después de las citas. Y es una angustia basada en la realidad.

¿Nos importa? ¿Queremos de verdad estar con un hombre por el que tengamos que estar siempre preocupándonos? ¿Un hombre que no cumple su promesa de llamarnos y cuando lo hace es para decir que se lo ha pasado muy bien pero que no quiere vernos más?

En tanto que conducta, el hecho de no llamar revela, simple y llanamente, que ese hombre no quiere, no necesita o no desea hablar con nosotras. O, como dice Joey en la serie *Friends*: «¿Por qué tienes que romper con ella? Actúa como un hombre: no le llames más».

Esto es lo que le pasó a Therese después de una cita en la que tuvo un contacto sexual de alto voltaje. En las tres semanas siguientes, ni una palabra. Al final, fue ella la que le llamó. Y se enteró de lo que quería saber. Dejó pasar un tiempo prudencial para asimilar la noticia, y luego le dijo lo que pensaba de él. Que no era muy agradable.

Reconocer los errores y ponerles fin

El sutil arte de poner punto final

Con el tiempo cada vez me resultaba más fácil poner punto final a las relaciones breves que tenía. Las citas cesaban; un día íbamos a cenar juntos y de repente ya no íbamos más; No había ninguna relación sobre la que hablar. Este verano conocí a un chico y salimos varias veces y lo pasamos bien. Era ua persona muy dulce. Un día, durante una conversación telefónica con los móviles, se produjo un malentendido. Yo le dije que no le oía bien, que se iba la cobertura; y el entendió que le decía que no le quería, que lo nuestro era una locura. Después de aquello, ni él me llamó ni yo me molesté en saber por qué. Sólo más tarde, a través de una amiga común, supe del malentendido. Así que ya ves, una interferencia telefónica y ya no salimos más, y en realidad no me importó mucho. Esto es lo que pasa.

María, *experta en el arte del adiós*

Por desgracia, no todas las citas que no cuajan se disuelven con tanta suavidad o se pierden a causa de un intrascendente problema con la técnica. Hay relaciones breves que cuestan mucho más trabajo de quitar de encima, porque se pegan como lapas.

Si somos nosotras las rechazadas y nos duele el corazón, volvamos a la primera parte de este libro. Si somos nosotras las que ponemos punto final a la relación, hay alguna cosas a tener en cuenta para que todo resulte más fácil.

La táctica principal para no sentirnos como unas arpías ni hacerle sentir a él como una alfombra vieja, es centrarnos en nosotras. Y decir la verdad. Decir algunas de las siguientes frases, de eficacia probada:

- ◆ «Me doy cuenta de que si esto no funciona es por mí. Me lo he pasado muy bien contigo, o eres una persona encantadora, te tengo muy presente, de verdad, y por eso no quiero seguir adelante».
- ◆ «La atracción que sentía por ti no se está convirtiendo en nada más profundo».
- ◆ «Prefiero no seguir con esto».

Son frases con las que asumimos las responsabilidad de nuestra elección y se la evitamos él.

Tal vez nos replique, nos manipule, se queje, pierda los nervios, le dé un ataque, llore o empiece a ligar con otra en ese mismo instante. Lo importante es ser conscientes de lo que estamos haciendo y mantenernos firmes en nuestra decisión.

Recuerda

- ◆ Nosotras no somos responsables de sus sentimientos.
- ◆ Tenemos derecho a decir que no y a poner fin a cualquier relación que no nos satisfaga.
- ◆ Tenemos derecho a pasar el tiempo como nos plazca.

Pero si todo lo demás falla, «comportémonos como un hombre»: no le llamemos más.

Reconocer al príncipe azul

«Cuando lo sabes, lo sabes. Esto es lo que me han dicho siempre, y ahora lo sé». Así describía la protagonista de *Titanic*, Kate Winsley, la certeza de haber encontrado el amor de su vida, encarnado en la persona de Jim Threapleton, a quien conoció durante el rodaje de la película *Hideous Kinky* y con el que se casó. «Lo supe al momento… al momento. Y pensé que sería para mí».

No hace falta ser una estrella del cine para experimentar ese amor a primera vista. Kate Winsley no hace más que hablar en nombre de cientos de mujeres que pasan por el extraordinario proceso de encontrar «el» amor de la vida.

E, irónicamente, aparte de la teatralidad del momento en que los ojos se encuentran a través del abarrotado plató del rodaje, la experiencia de encontrar la «media naranja» suele llegar acompañada de una sensación de gran serenidad. No es tanto la alegría desbordada por haberlo encontrado («¡Es él!»), sino la serena constatación del hecho («Así que es éste. Y es para siempre…»).

Las mujeres con las que contacté para escribir este libro y que habían tenido experiencias de «flechazo» aportaron muchos elementos comunes que pueden servirnos para identificar si estamos en presencia de «el amor» o, sencillamente, de «otro amor».

Siete maneras de reconocer al príncipe azul

Es algo instantáneo

Los ojos se cruzan en una sala llena de gente. Algo se activa, y la vida ya no vuelve a ser igual que antes. Petruska Clarkson, profesora de psicología, psicoterapia y asesoría, dice que:

> *Yo soy psicóloga, científica, y nunca había creído de verdad en cosas como el amor a primera vista, pero no me quedó más remedio que cambiar de opinión, porque de hecho a mí me sucedió. Mi esposo se enamoró de mí a primera vista. Estaba sentado en un comedor lleno de gente. Yo entré (nunca me había visto antes) y exclamó «¡Sí!». Yo me quedé tan desconcertada, tan avergonzada, que me dí media vuelta y salí de allí. Más tarde, empezamos a hablar, y descubrimos que teníamos muchos intereses comunes, como la ciencia, la filosofía, la psicología, el arte. Nos hicimos muy buenos amigos. Luego, después de que mi compañero de entonces empezara a acostarse con algunas de mis alumnas, inicié una relación sentimental con aquel hombre al que había conocido en aquel comedor. Llevamos siete años casados y aún estamos enamorados y todo es muy hermoso y muy pasional. Es una historia de amor magnífica. ¿Qué es lo que debe poseer alguien para que otra persona exclame «¡Sí!» de ese modo?*

Muchas veces, cuando la Cenicienta conoce al Príncipe, uno de los dos miembros de la pareja reconoce la atracción antes que el otro. Y en ocasiones debe dar varias vueltas a la redonda para dar tiempo al más lento para poder alcanzarle. De todos modos, normalmente el otro también se percata de «algo».

Se da una sensación muy fuerte de familiaridad

Cuando Sally, de 34 años, conoció a Harry, perdón, a Peter, dijo: «Aunque también me gustaba, lo más importante para mí era que había sido como recuperar a un hermano al que hacía mucho tiempo que no veía».

Se trata de una sensación muy frecuente de comodidad inconsciente, de estar completamente a gusto, y es un indicio de que se ha encontrado a la media naranja.

La profesora Clarkson está de acuerdo:

Una de las sensaciones más relevantes es que es como si conociéramos a esa persona de toda la vida y que no hace falta que la pareja se explique nada. Cuando mi esposo me preguntó por primera vez «¿Cómo estás?», sentí que me lo preguntaba porque estaba genuinamente interesado por mí. No era sólo una pregunta de compromiso.

Sensación de comodidad

Una amiga mía me dijo que cuando conoció a su esposo sintió como si acabara de encontrar las zapatillas más bonitas del mundo y que, al probárselas descubrió que le encajaban en el pie a la perfección. Se casó con él a los tres meses y siguen juntos cinco años después. Ella está absolutamente convencida de la teoría de las zapatillas.

Todas las mujeres con las que he hablado para hacer este libro están de acuerdo con ella.

Rosa, por ejemplo, asegura que: «Cuando conocí a Martin, fue como volver a tener otra mejor amiga, pero con pene. Sentía que podía hablar con él de cualquier cosa, contárselo todo, porque él me entendería».

Esta sensación de comodidad no es la misma que la de comodidad incómoda (valga la contradicción) que se siente cuando conocemos a alguien que responde a nuestro mapa amoroso pero que despierta viejas heridas. En este caso se trata de una placidez profunda, de una tranquilidad que lleva a Rosa a afirmar que: «De haber sabido que la cosa sería tan fácil y suave, no habría perdido mi tiempo con todos los demás».

No hay melodrama

Lo que nos lleva a afirmar que no se parece a las series de televisión, sino que es bonito, tranquilo. Irónicamente, dada la importancia de haber encontrado al fin una relación que encaja con nosotras como el zapato de Cenicienta, parece no haber grandes fuegos artificiales.

Las anteriores relaciones de Sally habían estado llenas de esa angustia típica de no saber si sus parejas se sentían atraídas por ella o de temer que cualquier cosa era posible. Ahora que ha conocido a un hombre encantador, asegura que: «No cuento gran cosa de mi historia de amor porque no hay nada que decir: es normal. Es hasta raro que sea tan normal, pero lo es».

Leah coincide con ella:

Sí, es como algo muy normal. Fue como constatarlo: «Bueno, pues es esto, aquí está». No hubo mucha pirotecnia. Sí, hay pasión. Y yo noté que algo que había estado esperando durante mucho tiempo, finalmente llegaba a mí. La gente me decía que, cuando me llegara, lo notaría, y lo noté, pero de una manera nada exagerada. Una semana después de conocernos me dijo que a él no le interesaba sólo acostarse con alguien, sino tener una relación estable con esa persona. Y yo le dije que sí, que me parecía bien. Y todo encajaba. No es que me pareciera especialmente emocionante, para ser sincera; sino que me parecía que estaba bien, eso era todo.

Parecía lo más normal del mundo que nos gustáramos tanto. Hasta cuando me dijo que me quería por primera vez la cosa fue como muy cotidiana. Me lo dijo en la cocina. Y le salió tan fácil que pensé que a lo mejor no lo había entendido bien, que había dicho que le pasara las alubias y yo me había confundido. Pero no, lo había dicho, y desde entonces me lo ha dicho muchas veces. Pero nunca se me ocurrió llamar a nadie a las tres de la madrugada para contárselo.

Se da una buena sincronización

Rosa admite que se sentía preparada para reconocer que aquel hombre era su media naranja.

Me sentía totalmente tranquila y segura. Tenía la sensación de que iba a conocer a alguien, me parecía que era el momento adecuado. Aunque pasamos por la vida pensando que nunca sabemos qué nos espera, que en cualquier momento podemos conocer a alguien, antes yo sabía que en el fondo no estaba preparada. Estaba demasiado desesperada, poco conforme conmigo misma.

Los expertos coinciden en que las posibilidades de encontrar un amor perdurable no permanecen inalterables a lo largo de la vida. El doctor Dean Ornish, experto cardiólogo norteamericano, habla del corazón en un sentido más amplio en su obra *The Scientific Basis for de Healing Power of Intimacy (Fundamentos científicos del poder de curación de la intimidad)* y dice:

No estoy diciendo que la clave para la felicidad pase por encontrar a la Cenicienta o al Príncipe encantado, por casarse y comer perdices. Hasta que conseguí trabajar lo bastante para eliminar los obstáculos que me impedían la intimidad, no fui capaz de mantener una relación íntima con nadie, fuera quien fuera. No se trataba de «encontrar» a la persona adecuada, se trataba de «ser» la persona adecuada. Conocí a mi pareja actual desde mucho antes de iniciar una relación con ella, pero en aquella época ni siquiera la veía en su totalidad.

Así que los factores que influyen en la disponibilidad parecen ser: tener la edad adecuada, haber corrido lo bastante sin llegar a ningún sitio, conocerse una misma y haber madurado lo bastante como para no enviar a paseo a alguien porque no nos gusta su corte de pelo.

Muchas mujeres cuentan que justo antes de conocer a su media naranja han pasado por una relación de pareja horrible. Parece que cuando hemos llegado todo lo lejos que se puede llegar por la senda equivocada y ya estamos hartas de lo que vemos, de repente se abren ante nosotras nuevos paisajes, nuevas posibilidades.

Esto es lo que suele suceder cuando modificamos nuestras creencias, tal como se explica en el capítulo 12 y empezamos a creernos que sí, que podemos conseguir un hombre adorable y que nos merecemos ser amadas.

Por supuesto, para que la sincronización sea buena, él tiene que querer lo mismo. Tiene que estar disponible, no debe enviarnos mensajes contradictorios ni jugar a juegos estúpidos. Esta listo, dispuesto y capaz para iniciar una relación de pareja con nosotras.

El tiempo lo dirá

Toda esa constatación instantánea y esa comodidad y familiaridad no son más que el principio. La única manera de saber de verdad si se trata de un amor duradero es seguir adelante y ver si dos años después sigue pareciéndonos el «amor verdade-

ro». Según la antropóloga Helen Fisher, el deslumbramiento
–la pasión, el deseo; el nombre es lo de menos– no dura más
de 18 meses:

> *Si durara más, no podríamos soportarlo. Moriríamos de
> agotamiento sexual y de falta de sueño. Nuestro cerebro está
> diseñado para que, después de un año y medio, aproxima-
> damente, el deslumbramiento se desvanezca y la tranquili-
> dad se instale, dando paso a la estabilización del vínculo.*

Así que hace falta tiempo para saber si la historia de amor
seguirá adelante. La profesora Clarkson afirma que:

> *Mucha gente reconoce a alguien que le parece ideal y tiene
> una sensación de flechazo instantáneo, pero es frecuente
> que sea una reacción nacida del deseo sexual. Y, una vez
> aplacado, o cuando el objeto de su deseo se resfría o se des-
> peina, todo se va al garete. En especial en el caso de los
> hombres, el amor a primera vista puede nacer porque la
> mujer se parezca a la primera mujer a la que amaron. Su
> madre, o una profesora, o incluso alguna estrella de cine de
> la época. Puede no ser una cosa real, puede tratarse de una
> imagen. Lo que es diferente es el amor que es a la vez sexual
> y atento, inteligente, y que empuja a compartir un propósi-
> to común en la vida.*

Está escrito en las estrellas

Propósito en la vida puede sonar un poco grandilocuente,
pero no se lo parecerá a la gente que cree en la influencia de
los astros. Volviendo por un momento a la pregunta que la profesora Clarkson se hacía en la sección «Es algo instantáneo» de
este mismo capítulo: ¿Qué es lo que debe poseer alguien para
que otra persona exclame «¡Sí!» de ese modo? Un astrólogo res-

pondería: «Estaba reconociendo su destino». De hecho, un astrólogo le predijo que conocería a su alma gemela –no es que le creyera– y sólo se equivocó tres días.

La astrología es algo más que los signos del zodíaco. Éste constata meramente dónde se encontraba el sol en el momento de nuestro nacimiento. Una carta astral completa relaciona todos los planetas principales –y la ubicación de nuestra luna, Venus y Marte tiene gran influencia en nuestras relaciones–. Así que cuando nuestra carta astral encaja con la de nuestra media naranja, los astrólogos muchas veces son capaces de explicar por qué es, en efecto, nuestra media naranja. Como dice la profesora Clarkson: «Mi luna estaba un grado en confluencia con su sol. Parece ser que eso es muy poco frecuente, y es un matrimonio alquímico».

Cuando tanto nosotras como nuestra pareja tenemos planetas similares y ubicaciones similares, vemos la vida, literalmente, de la misma manera, pensamos y sentimos de maneras parecidas. Sería la prueba astrólogica de esa sensación de familiaridad.

(Hay muchos profesionales de la astrología que pueden confeccionar cartas astrales. En caso de estar interesadas, conviene informarse bien para recurrir a los más serios).

Y, poniéndonos un poco más esotéricas todavía, existe una teoría que dice que todas nuestras relaciones de pareja importantes son de hecho con almas gemelas con las que ya hemos compartido otras vidas. Así que cuando le vemos por «primera vez» y pensamos «¡Es él!», lo que estamos haciendo en realidad es reconocer a esa persona que, tal vez, fuera nuestro hermano en la época medieval, o alguien a quien quisimos y perdimos en una guerra. En la actualidad aparecen muchos libros sobre este tema, incluido el de *Judy Hall, Hands Across Time. The Soulmate Enigma (Manos que traspasan el tiempo. El enigma de las almas gemelas), o Only Love is Real. The story of soul-*

mates reunited (*Sólo el amor es real. Historia de dos almas geme-las reunidas*), del doctor Brian Weiss.

Tanto si el tema nos intriga como si nos parece que es una tontería sólo apta para tristes empedernidas con un tornillo flo-jo, al conocer a nuestra media naranja tendemos a pensar que el destino ha tenido algo que ver en ello.

Siete maneras de mejorar las futuras relaciones de pareja

Algunas de nosotras nos estamos convirtiendo en los hombres con los que nos gustaría casarnos.

Gloria Steinham, *feminista de prestigio*

En la relación de pareja que mantengo ahora estoy mucho más segura y soy más exigente. La vivo con mucha calma, mientras que él está desesperado y ya en nuestra segunda cita me dijo que me amaba. Y es, sencillamente, porque no le necesito, y él lo sabe. No le llamo; no porque sea cruel, sino porque no le necesito. Sólo conseguirá estar conmigo si lo intenta con insistencia.

María, *soltera desde hace dos años*

El tipo de hombres que empezaron a interesarme cambió radicalmente después de haber vivido sola. Yo había tenido una debilidad por los típicos chicos de colegios privados y, ¿qué saben ellos de una chica judía del norte de Londres? Nuestras culturas no podían ser más distintas. A mí no me cabe en la cabeza que alguien ahorre para llevar a su hijo a Eton antes incluso de conocer a la mujer con la que va a tener a ese supuesto hijo. Esos tipos eran muy distantes emocionalmente; yo siempre iba detrás de hombres que nunca estaban disponibles. Pero, más tarde o más temprano, siempre acabamos cansándonos de las relaciones que no funcionan. Después de un año de vivir sola conocí a alguien que en ningún momento dudó de que yo fuera la mujer que quería, y aquello me convenció. Al principio no sabía qué pasaba; no estaba acostumbrada a que alguien me tratara bien y se sintiera atraído por mí de verdad. Pero fue muy paciente conmigo, e insistente, y al final me dí cuenta de que estaba bien que alguien me tratara con cariño. Hasta el punto de que me casé con él.

Emily, *hablando de los finales felices*

Algo en mí dio un vuelco cuando empecé a vivir sola. Las relaciones pasaron a ser menos absorbentes. Por ejemplo, la semana pasada tuve una discusión monumental con mi novio, por teléfono, y me disgusté mucho y lloré. Pero luego me dediqué a mis asuntos durante dos días, hasta que volvimos a encontrarnos. Claro que había estado pensando en ello y estaba algo alterada por lo que había pasado, pero antes habría interrumpido literalmente todos los aspectos de mi vida o me habría ido en coche hasta su casa en plena noche, porque no habría sido capaz de soportarlo. No es que ya no me importen estas cosas, es que la totalidad de mi vida ya ha dejado de girar en torno a un hombre.

Kate

En el tren que me llevaba a la fiesta donde habría de conocer al hombre de mi vida, recuerdo que iba pensando que *siempre me liaba con hombres que no tenían dinero. Y aquello me ponía de muy mal humor. Siempre acababa pagando la cena de algún chico arruinado. Así que el próximo hombre con el que salga tendrá que tener el poder adquisitivo para llevarme al River Café (un sitio muy esnob que hay en Londres), me dije. En la fiesta, me fijé en un chico muy atractivo, y percibí que yo también le gustaba, y alguien le preguntó qué pasaba con su gran casa, y yo pensé: «Bueno, a lo mejor éste sí que puede llevarme al River Café». Y sí, fuimos allí a celebrar nuestro primer aniversario. El amor incondicional que aprendí a sentir por mí misma cuando vivía sola me ayudó a apuntar más alto.*

Ella

Yo era el tipo de mujer que sólo se define a sí misma en relación a una pareja. Desde que empecé a salir con mi primer novio, pensé: «Ahora todo está bien, ya tengo a alguien». Tener a alguien era más importante que cualquier otra cosa. Viendo las cosas en perspectiva, me parece un milagro que llegara a alcanzar una posición profesional, dada la energía que invertía en mis relaciones de pareja.
Luego, al empezar a vivir sola, empecé a tener relaciones muy reales con todo tipo de personas. Como Tina, una gran amiga a la que conocí en la escuela de Bellas Artes. Vino a visitarme durante las vacaciones y recuerdo que estaba tan emocionada ante su llegada como cuando estaba enamorada. Tenía otra amiga que venía a casa a ver la tele conmigo cada viernes, y me sentía tan bien como si hubiera estado compartiendo todo aquello con un novio.
Lo interesante es que ahora que tengo novio no hago todas esas cosas con él. Sigo haciéndolas con mis amigas. Ahora, para mí, mantener una relación con un hombre se basa en hacer el amor. Ya no me pasa como antes, cuando cualquier

cosa que hiciera con un hombre tenía que ser «especial» y todas las demás cosas de la vida no lo eran. Antes, hacía un gran esfuerzo cuando mi novio venía a casa; compraba comida especial. Ahora, compro comida especial cuando me apetece y aunque esté sola la disfruto igual.

Leah

Antes me decía a mí misma: si supiera que antes de un año voy a conocer a alguien y todo va a ser fantástico, me dedicaría a pasármelo muy bien ahora, a vivir la vida al máximo, a pasármelo bien, a disfrutar de la soltería. Así que es ese miedo el que nos priva de vivir la vida a tope, pero ahora ya se me ha pasado.

Ahora siento que me lo he pasado muy bien —he salido mucho, he hecho muchas locuras, cosa que de otro modo no habría hecho—. Y cosas que tal vez no vuelva a hacer. Así que, cuando me estabilice, especialmente si tengo hijos, al menos sabré que ya he hecho lo que quería hacer. Tendré estos recuerdos y sabré que he hecho estas cosas.

Jacqui

Cuando viví sola toqué fondo. Estaba tan cansada, tan harta de las relaciones de pareja que estaba convencida de que no se habían hecho para mí. Pasaba mucho tiempo sola y aunque, con la mano en el corazón, nunca llegué a preferir la soledad a la compañía, la verdad es que en aquel momento aquello me fue bien. Pero entonces sucedió algo mágico. No es sólo que me fijara en una persona mucho más agradable, mucho más adecuada para mí y que también se fijó en mí, sino que, ahora que sé lo mucho que odio estar sola, le aprecio mucho más y estoy mucho más relajada que antes.

Rosa

Es el reto número 1: cómo vivir en pareja y a la vez seguir siendo nosotras mismas, mantener una historia fluida con nosotras mismas, no disolvernos completamente en la pareja. Pero, trabajando sobre los principios de este libro, nuestras relaciones de pareja se verán beneficiadas. Tanto si estamos en pareja y nos encanta como si vivimos solas y nos encanta.

Éstos son los principios de la soltería que pueden aplicarse a una relación amorosa.

1. Las relaciones nos alimentan. Él nos cuida a nosotras y nosotras le cuidamos a él.
2. Los sentimientos tienen cabida en la relación. Los suyos y los nuestros.
3. Obtenemos el apoyo que nos darían nuestras amigas.
4. Es tan divertido como salir con chicos.
5. Seguimos cambiando y evolucionando como personas.
6. Seguimos teniendo vida propia fuera de la pareja.
7. No hacemos nada que no queramos hacer, aunque él sí quiera.
8. Practicamos la autoconciencia. También le tenemos en cuenta a él; le vemos claramente, no a través de un cristal teñido de rosa.
9. Somos capaces de defender nuestras posiciones, de hacernos escuchar, de defender lo que queremos y de obtenerlo.

Sumario de la tercera parte

Para volver a relacionarte con los hombres...

♦ Aclara primero lo que estás buscando.
♦ Reafírmate de que mereces lo mejor.
♦ Trátate bien en momentos en los que tal vez estás nerviosa o seas vulnerable.

- Confía y potencia tu proverbial sexto sentido.
- Aprende a decir que no.
- Disponte a desterrar las reglas anticuadas y toma la iniciativa; proponle una cita a él.
- Desarrolla capacidad de tomar las riendas de tu destino por lo que se refiere a citas, recurriendo incluso a agencias matrimoniales o a internet.
- Decídete a obtener lo mejor.
- Pregúntate constantemente y haz un seguimiento de tu estado de ánimo ante la llegada de una nueva relación –y del suyo–.
- Ten la capacidad de reconocer lo que está bien y lo que está mal, y actúa en consecuencia.

Pero, una vez en el día a día de la relación, ya no eres soltera y, por tanto, ya no tienes que escucharme más. Ahora estás sola, o tal vez no, ¿quién sabe?